La società moderna tra progresso e sostenibilità

Roberta Di Monte

Fotografia in copertina di Andrea Acanfora

Trattiamo bene la terra su cui viviamo: essa non ci è stata donata dai nostri padri, ma ci è stata prestata dai nostri figli.

(Proverbio Masai)

INDICE

1 - PREFAZIONE

Un giorno stavo leggendo un recente sondaggio (luglio 2014) pubblicato dall'Unione Europea sull'opinione dei cittadini riguardo alla situazione attuale. Tra le tante domande di carattere generale, politico ed economico ce n'era una che chiedeva: "Quali sono i problemi più importanti in questo momento?" Nel rispondere, il cittadino viene influenzato dal mondo che gli sta accanto; ovviamente la risposta in Italia è stata disoccupazione, situazione economica e tassazione. I problemi del clima, dell'inquinamento e delle questioni energetiche sono rimaste un fanalino di coda. Sebbene l'opinione pubblica europea consideri molto importanti la lotta contro l'inquinamento e la conservazione del territorio queste questioni vengono, in ogni caso, dopo la risoluzione dei problemi contingenti.

Tra i diversi argomenti che caratterizzano l'ambiente, la riduzione delle risorse naturali, la difesa degli habitat e quella degli ecosistemi naturali trovano poca attenzione nella popolazione europea: solo un terzo degli europei è preoccupato da questi argomenti. Sono argomenti lontani dalla nostra sfera personale e quindi è difficile immaginare quale possa essere l'impatto sulla nostra economia dell'esaurimento di una risorsa: proviamo solo a immaginare quanto influenzi la nostra società, il mercato del petrolio e di tutto il suo indotto.

Grazie a questa riflessione, ho scritto un viaggio. Un viaggio che vuole essere un promemoria, uno spunto di riflessione. Si partirà dall'impegno approvato nel 2013 dall'Unione Europea a favore dell'ambiente e successivamente si analizzeranno i vari aspetti che hanno portato alle decisioni riportate nella direttiva.

2 - IL PROGRAMMA GENERALE DI AZIONE DELL'UNIONE EUROPEA IN MATERIA DI AMBIENTE

Da anni molti governi e molti enti di ricerca si occupano di ambiente e riscaldamento globale. Da un recente sondaggio emerge che il 60% circa della popolazione europea si ritiene informata sui temi ambientali. La statistica dice anche che i tre quarti dei manager (75%) si ritengono ben informati sulle questioni ambientali, mentre la restante popolazione si ritiene informata solo per il 55%. Questo significa che solo una persona su due pensa di essere a conoscenza delle problematiche ambientali, ma tutte queste votano e decidono (o dovrebbero farlo) il governo, e di conseguenza il programma politico del proprio Paese. Solo un'adeguata conoscenza delle problematiche può far decidere al cittadino quale strada intraprendere per vivere meglio.

I governi hanno iniziato a parlare di riscaldamento ambientale e di sostenibilità molti anni fa. È sufficiente pensare che il protocollo di Kyoto, un trattato internazionale firmato a Kyoto l'11 dicembre 1997 da più di 160 paesi, è entrato in vigore nei primi mesi del 2005. Secondo questo trattato, tutti i paesi aderenti dovevano impegnarsi a ridurre i gas inquinanti del 5%, rispetto ai livelli del 1990, entro il 2012.

Nell'aprile 2007 gli stati aderenti erano 169. I paesi in via di sviluppo, al fine di non ostacolare la propria crescita economica, non furono invitati a ridurre le loro emissioni: tra loro anche i "paesi continente" come Cina e India.

Nel 2012 il Protocollo, l'unico accordo esistente e vincolante in base al quale i paesi sviluppati si impegnano a ridurre i gas a effetto serra, è stato modificato in modo che continui con una nuova fase a partire dal 1° gennaio 2013 con scadenza dicembre 2020.

Come dimostrato nel rapporto "Trends in global CO_2 emission" della Comissione Europea, l'esito di questo trattato è stato in parte vanificato dalle emissioni dei paesi industrializzati in via di sviluppo, proprio quei paesi che non erano stati richiamati all'impegno del Protocollo. Nel 2013, le emissioni globali di CO_2 hanno raggiunto un nuovo massimo di 35,3 miliardi di tonnellate (Gt) con un incremento del 2,0% rispetto all'anno precedente (Figura 1).

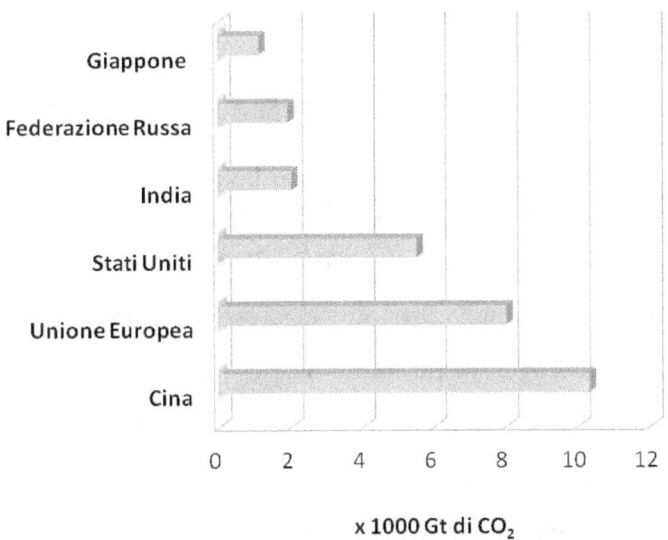

x 1000 Gt di CO_2

Figura 1. Emissioni di anidride carbonica nel 2013 derivante dalla combustione di fossili e dalla produzione di cemento (Rapporto "Trends in global CO_2 emission " pubblicato dalla Commissione Europea nel 2014)

All'interno dell'incremento totale delle emissioni globali del 2013 ci sono notevoli differenze tra i vari paesi.

Il consumo mondiale di carbone (responsabile di circa il 40% delle emissioni totali di CO_2) è cresciuto del 2,7% nel 2013. La Cina ha contribuito per due terzi a queste emissioni, mentre l'India e gli Stati Uniti per circa un quinto.

Il consumo globale dei prodotti petroliferi è aumentato del 1,1% nel 2013, leggermente al di sotto del trend storico del 1,3% annuo. Anche in questo caso la Cina ha contribuito per più di un terzo e gli Stati Uniti ed il Brasile per circa il 30% e il 15%, rispettivamente.

Il consumo di gas naturale è aumentato globalmente del 1,1% nel 2013 con la Cina e gli Stati Uniti che hanno contribuito entrambe per circa il 40% e il Brasile per circa il 15%.

Nel 2013, l'Unione Europea ha registrato una riduzione delle emissioni di CO_2 del 1,4%.

La UE ha visto anche una diminuzione del 2,2%, 1,4% e 2,7% rispettivamente per il consumo di energia primaria di petrolio, gas e carbone. Queste diminuzioni sono legate principalmente ad un calo dello 0,5% della produzione industriale media e a una riduzione del 1,2% della produzione di energia elettrica, in combinazione con un maggiore uso delle energie rinnovabili, con una quota del 11,5% nel consumo di energia primaria nel 2013, rispetto al 10,3% nel 2012.

È necessario includere ai trattati anche i paesi come Cina e India, in quanto il loro grado di industrializzazione ha ormai raggiunto un livello tale da essere in grado di vanificare tutti gli sforzi fatti dalle altre società industrializzate, in particolare dall'Unione Europea.

Alla fine del 2015 i governi definiranno un accordo universale sui cambiamenti climatici per un periodo di tempo che partirà dal 2020.

A livello europeo, il 20 novembre 2013 è stato approvato il programma generale di azione in materia di ambiente fino al 2020. Il programma è all'insegna della sostenibilità ossia "vivere bene entro i limiti del nostro pianeta"[1].

Le direttive europee descritte in questo programma devono essere recepite da tutti gli stati membri al fine di favorire la conservazione del nostro territorio.

Le tendenze e le sfide sistemiche a livello mondiale, inerenti alle dinamiche demografiche, all'urbanizzazione, alle malattie e pandemie, alle trasformazioni tecnologiche in via di accelerazione e ad una crescita economica non sostenibile, rendono ancora più complicato affrontare le sfide ambientali e conseguire uno sviluppo sostenibile a lungo termine. Per assicurare la prosperità dell'Unione nel lungo periodo è necessario intraprendere ulteriori azioni che permettano di affrontare tali sfide.

L'Unione Europea si è dunque prefissata di:

- ridurre le emissioni di gas a effetto serra (GES) di almeno il 20% entro il 2020.

- portare al 20% la quota del consumo energetico proveniente da fonti di energia rinnovabili.

- porre fine alla perdita di biodiversità e ripristinarla nei limiti del possibile e, allo stesso tempo, contribuire alla tutela della biodiversità a livello mondiale per scongiurarne la perdita anche a livello globale.

- porre fine alla perdita della copertura boschiva del pianeta e impegnarsi nel ridurre la deforestazione tropicale (i polmoni della Terra).

- regolamentare l'utilizzo delle sostanze chimiche in modo tale da contenere gli effetti nocivi per la salute umana e l'ambiente.

- ridurre l'impatto negativo della produzione e della gestione dei rifiuti.

- ridurre gli impatti nell'uso delle risorse e migliorare l'efficienza puntando sul riutilizzo, il riciclaggio ed uno smaltimento corretto.

- dare un ampio spazio all'economia verde dove la crescita economica non deve dare origine ad alcun degrado ambientale

- far valere il principio "chi inquina paga".

Alle iniziative sopraindicate si aggiunge la necessità di porre fine all'economia lineare e convertirla in circolare, ossia far sparire i concetti di "rifiuto" e di "materiale di scarto" ma convertirli in nuove materie prima per dare vita a nuovi prodotti.

In base a questi principi, approvati in Europa nel 2013, ai cittadini è dato il compito di monitorare lo stato di avanzamento dell'implementazione delle politiche ambientali nel proprio Paese. Per fare questo è indispensabile incrementare la conoscenza ma soprattutto la consapevolezza che la crescita basata solo sul guadagno economico porta inesorabilmente alla povertà.

Come può il cittadino comune monitorare il proprio governo se non ha una conoscenza adeguata?

Il cittadino deve poter distinguere le attività sostenibili da quelle che derivano da attività propagandistiche rivolte a negare l'utilità della *green economy*. Esiste, a causa di forti interessi economici, un'ampia diffusione mediatica di notizie contraddittorie sulle tematiche ambientali, finalizzate al convincimento del cittadino sull'inutilità di un progresso sostenibile. A causa della mancanza di un'adeguata conoscenza, il cittadino non riesce a opporsi alle campagne di disinformazione pagate dalle grosse multinazionali che hanno interessi su attività che non sono sostenibili.

L'ambizione delle prossime pagine è di far percorrere al lettore un percorso tra uomo e ambiente al fine di aiutarlo a comprendere la strada che è necessario intraprendere.

3 - RELAZIONE TRA SVILUPPO DELL'UOMO E LA BIOSFERA

Prima di tutto è necessario comprendere che la società umana è inclusa nel sistema Terra. Le azioni dell'uomo si riflettono sulla natura modificandone gli equilibri.

La biosfera è l'insieme di tutti gli ecosistemi esistenti sulla Terra, cioè di tutti gli esseri viventi inseriti nell'ambiente in cui vivono. Pertanto, la biosfera include tutta la crosta terrestre, ma è anche una parte della idrosfera e una parte dell'atmosfera.

Le caratteristiche principali della biosfera sono:

- la diversità, chiamata biodiversità: ossia la varietà delle forme di vita che si possono trovare sul nostro pianeta;

- l'interazione e l'equilibrio tra tutti i componenti della biosfera: se si verifica una modifica in un determinato punto, essa può riflettersi in tutta la biosfera.

La biosfera include tutte le zone in cui si sviluppa la vita, che si pensa essere nata almeno 3,5 miliardi di anni fa. Essa include anche la porzione esterna della litosfera (suolo e parte del sottosuolo), l'idrosfera (le acque marine, lacustri e fluviali) ed i primi strati dell'atmosfera (fino ad una altitudine di circa 10 km). Comprendendo quindi nella biosfera le profondità oceaniche ed i primi strati dell'atmosfera si raggiunge uno spessore massimo di circa 20 km che, confrontato col raggio terrestre di circa 6371 km, appare ben poca cosa (in proporzione meno dello spessore della buccia di una mela rispetto alla dimensione della mela intera). Tale spazio limitato nel quale l'uomo e le altre specie possono vivere rende la biosfera estremamente preziosa e delicata.

La vita esistente oggi sulla Terra è resa possibile da alcune condizioni eccezionali. Tali condizioni, che non si possono escludere per altri pianeti o corpi celesti nell'universo, sono però uniche, nel loro insieme, nel nostro sistema solare:

- La radiazione solare, intesa come luce visibile ma anche nel suo complesso delle radiazioni di varie lunghezza d'onda ed intensità.

- Il campo magnetico terrestre in grado di creare una barriera al vento solare.

- La presenza di una atmosfera, che protegge la Terra dalle

radiazioni e dalle meteoriti.

- La presenza di elementi e composti chimici per la costruzione dei corpi e per lo svolgimento dei processi vitali.

- La temperatura idonea al mantenimento delle strutture terziarie e quaternarie delle proteine.

- La presenza di acqua, componente essenziale di ogni organismo vivente. L'acqua, sulla Terra, grazie alle condizioni di temperatura presenti, si trova nei tre stati di aggregazione (solido in forma di ghiacchio, liquido e gassoso).

- La presenza di un satellite (la Luna) che permette di controllare le maree, la gravità ed i cicli biologici.

Le condizioni viste sopra hanno permesso la formazione della vita sulla Terra e ne permettono oggi il suo mantenimento.

Occorre considerare inoltre che tutte le condizioni sopra citate interagiscono tra loro e che, dalla formazione del pianeta, molte di esse sono mutate in modo sensibile. Inoltre non bisogna dimenticare le influenze significative che si hanno anche grazie ad altri fattori.

- Il movimenti dell'acqua (correnti oceaniche, ciclo dell'acqua) con i suoi depositi nel sottosuolo, nelle calotte polari e nei grandi ghiacciai.

- I movimenti dell'atmosfera, legati alle stagioni (venti di varia natura e i vari aspetti climatici atmosferici).

- L'effetto delle posizioni reciproche e dei movimenti della Terra, della Luna e del Sole.

- L'effetto delle attività vulcaniche, con l'immissione nell'atmosfera di grandi quantità di polveri e gas.

- L'effetto, degli esseri viventi stessi, in particolare degli organismi che svolgono la fotosintesi clorofilliana (piante inferiori - specialmente le alghe negli oceani - e piante superiori), con l'immissione in atmosfera di grandi quantità di ossigeno.

La biosfera si mantiene in condizioni di equilibrio; infatti possiede, come tutti i sistemi biologici, una capacità di autoregolazione che le permette di bilanciare le perdite di energia nello spazio con il continuo apporto di energia radiante del Sole che viene utilizzata, per esempio, per trasformare la materia organica attraverso la fotosintesi delle piante.

La biosfera ha un elevato livello di organizzazione e di complessità. Vista come sistema, la biosfera non ha scambi di materia con l'esterno ma solo con l'interno della Terra attraverso i cicli biogeochimici.

Il ciclo biogeochimico (o ciclo vitale) è il percorso seguito da un determinato elemento chimico all'interno della ecosfera. I cicli biogeochimici più noti sono quello del carbonio e quello dell'azoto, che sono da decenni argomento scolastico di divulgazione scientifica.

I vari organismi viventi si scambiano elementi chimici mediante la catena alimentare e quindi il passaggio di elementi chimici avviene ugualmente anche tra gli stessi organismi e l'ambiente esterno, secondo processi ben definiti.

Nella biosfera sono individuabili un flusso di energia ed un ciclo della materia. Il flusso di energia, sempre rinnovato, arriva dal Sole e passa attraverso tutti i livelli biologici ed i fattori ambientali, permettendo il mantenimento della vita come la conosciamo. La quantità di materia presente sulla Terra, e quindi nella biosfera, invece è stabile e non è soggetta a nuove e continue immissioni ("Nulla si crea, nulla si distrugge, tutto si trasforma", Principio o legge di conservazione della massa di Lavoisier). Come conseguenza i singoli atomi degli elementi chimici vengono continuamente combinati nei composti, sempre più complessi, e tali molecole complesse vengono continuamente degradate e ridotte a elementi semplici, in un ciclo della materia senza fine.

La biosfera può essere scomposta in macro-unità caratterizzate da uniformità di condizioni del clima, in cui si sono adattate una flora e una fauna specifica, definite biomi, i quali a loro volta possono essere scomposti in micro-unità chiamate ecosistemi.

Le profonde modificazioni geologiche e climatiche della biosfera avvenute durante la storia del pianeta hanno influito profondamente sugli ecosistemi e sugli organismi viventi, determinando processi evolutivi ed estinzioni di moltissime specie viventi.

La società attuale, con il potere che ha l'uomo sulla natura, è in grado di fare delle scelte che determinano la sopravvivenza di molte specie del nostro Pianeta.

La società non può continuare a perseguire gli attuali obiettivi di sola crescita economica; infatti, come vedremo, tale processo ha determinato un progresso basato esclusivamente su parametri quantitativi che rischia di rompere definitivamente il rapporto uomo-natura. Bisogna ritrovare la natura ma lo potrà fare solo un uomo più maturo, che sia in grado di trovare una nuova sintonia con essa, basata sul rispetto e sull'amore per il proprio pianeta [2].

La nostra biosfera è un macroecosistema: è l'ecosistema degli ecosistemi che comprende miliardi di miliardi di esseri differenti.

La società umana vive nella biosfera ed è parte integrante di questo massimo ecosistema.

In origine gli uomini primitivi conducevano una vita in continuo spostamento (nomadismo), vivevano di caccia e dei frutti della natura. La mobilità era in funzione delle esigenze alimentari per la sopravvivenza e per la conservazione e lo sviluppo della specie.

Queste "società arcaiche" di uomini cacciatori e raccoglitori, poco popolose, disperse e mobili, erano parte integrante degli ecosistemi come le altre specie di animali.

Quando, successivamente, gli uomini sono diventati agricoltori ed allevatori hanno iniziato a modificare l'ecosistema e talvolta anche a degradarlo, per esempio mediante l'utilizzo del fuoco per facilitare le operazioni di disboscamento e creare spazio per le colture stanziali.

Nell'ecosistema, tutto continua a funzionare armoniosamente, perché le interazioni che ha l'uomo con la natura non alterano i cicli dell'anidride carbonica (CO_2), dell'acqua (H_2O) e degli altri elementi indispensabili alla vita.

Con il passare dei secoli sono cresciuti i livelli culturali e sociali della civiltà umana. L'evoluzione delle società da pastorali ad agricole e poi urbane ed industriali hanno raggruppato popolazioni via via più numerose che sono passate da poche migliaia a milioni di individui e si sono dotate di organizzazioni sociali meglio strutturate e sempre più complesse.

Le prime società storiche che hanno sviluppato l'agricoltura e l'allevamento del bestiame hanno prodotto delle trasformazioni non solo nel loro modo di vivere e di organizzare ma anche nel mondo naturale in cui vivevano. La scelta delle specie vegetali da coltivare e delle specie animali da allevare hanno introdotto in un sistema, fino a quel punto naturale, un nuovo modo di selezionare. La simbiosi fra l'uomo e le specie scelte consiste nel fatto che quest'ultime ricevono protezione, cura e nutrimento, a loro volta esse forniscono all'uomo le risorse necessarie per la propria vita e per lo sviluppo della società.

Ha inizio così un fenomeno di reciproco "asservimento" della natura da parte dell'uomo e dell'uomo da parte della natura.

Quando l'uomo interviene nei processi di riproduzione e di sviluppo dei vegetali, attraverso la selezione delle sementi, gli incroci, ecc. aumenta la produttività dell'agricoltura ma attua un processo di asservimento della natura. Lo stesso succede allevando gli animali oppure modificando il territorio costruendo strade, canali, ecc.

In ogni caso gli interventi antropici che si sono verificati fino all'epoca della rivoluzione industriale sono stati tali da non turbare gli ecosistemi. In altre parole, fino a quel momento, l'uomo ha utilizzato le risorse della natura ma non ha compromesso le funzioni organizzative e rigenerative di essa. L'uomo ha vissuto in modo "quasi" sostenibile, anche se attività di tipo venatorio già in epoche storiche hanno comportato l'estinzione di varie specie dai loro territori naturali.

Nella seconda metà del '800 ha inizio la rivoluzione industriale. Con lo sviluppo della tecnologia cambia il rapporto uomo/natura, la natura è a completo servizio dell'uomo.

L'estensione e l'intensificazione dell'agricoltura e dell'allevamento, rese possibili dallo sviluppo della tecnologia, cominciano a far scomparire molte specie selvatiche per privilegiare varietà di specie domestiche a maggior rendimento.

Molti spazi a foresta spontanea vengono conquistati dall'agricoltura che si estende in forma intensiva anche sugli antichi latifondi e sulle terre incolte o paludose, con operazioni di bonifica di queste ultime che hanno comportato la quasi totale sparizione delle aree umide, con pesanti influenze negative, per esempio, sull'avifauna migratoria.

Nella totale assenza di una cultura ecologica, l'intervento antropico è considerato isolatamente solo sotto l'aspetto della convenienza economica, senza la consapevolezza delle possibili perturbazioni eco-organizzative che potrà provocare. Cominciano i massicci disboscamenti per ricavare suoli fertili per l'agricoltura, ma non ci si accorge di innescare un meccanismo di dissesto idrogeologico che oggi appare drammaticamente evidente.

In un libro del 1859, "Gemona e il suo Distretto"[3], si mette in evidenza come l'operato dell'uomo provochi dissesto idrogeologico.

Già all'inizio della rivoluzione industriale, le autorità del distretto si erano rese conto di quanto fosse importante un'agricoltura integrata con il territorio. Infatti si denunciano i frequenti allagamenti con gravi danni alle case ed ai campi a causa di uno sfruttamento del territorio non adeguato.

"È provato d'altronde che di molto non si è aumentata ma forse diminuita la massa delle pioggie; conviene quindi ricorrere ad un fatto che valga a darci spiegazione dei frequentissimi danni che vengono in oggi prodotti dalle acque, e non può farsi a meno di riconoscere come la distruzione delle selve e dei boschi sui monti ne sia la cagione principale. Infatti allorchè i monti sono coperti di boschi le pioggie stillano dai rami e dalle foglie sul terreno e lentamente scolano nella valle: atterrato il bosco esse precipitano tutto ad un tratto cadendo con violenza ed a slascio nei valloni, e trascinano i sassi e le roccie facendo innalzare il letto dei fiumi e dei torrenti che quindi le campagne. Né alla sapienza dei veneti reggitori era sfuggita la necessità di provvedere chè fossero conservati i boschi sui monti e lungo le sponde dei fiumi, e molte leggi utilissime furono emanate intorno a questo argomento. Nell'anno 1559 venne ordinato che si piantassero dei pioppi dietro le roste del Tagliamento ed era dato un premio a chi ne piantasse di più. "

Nonostante le disposizioni veneziane, nel corso dei secoli si ebbe un disboscamento dei monti aumentando il rischio sulle povere popolazioni della zona.

"Compreso dall'importanza di provvedere a tanto pericolo, il comune di Gemona fino dall'anno 1850 utilizzò il monte Gemina concedendolo in affitto con l'obbligo di tenerlo a bosco di roveri e carpini, alberi adatti alla qualità del terreno…"

L'autore non fu in grado di stabilire gli effetti di questa politica a lungo termine ma sicuramente ci fu un esempio di volontà di integrare la vita dell'uomo con la natura. Ci si rese conto della necessità di difendere il territorio soprattutto quando l'economia era basata sull'agricoltura ma, con l'industrializzazione, le politiche cambiarono dimenticandosi della sostenibilità delle attività umane e dimenticando ciò che gli avi avevano osservato: l'utilizzo del territorio in modo sostenibile è una forma di protezione della propria popolazione.

La distruzione quotidiana delle risorse naturali da parte di un utilizzo dissennato della tecnologia, le monocolture generalizzate, la riduzione della varietà e diversità delle specie, l'uso di tecniche distruttrici e l'applicazione prodotti chimici inquinanti al solo scopo di aumentare la produzione e la ricchezza compromettono i cicli di rigenerazione della biosfera.

Dopo la seconda guerra mondiale, il processo distruttivo degli ecosistemi ha assunto ritmi crescenti e dimensioni catastrofiche.

Secondo i geologi c'è un tempo geologico in cui l'intervento umano è accelerato talmente da aver modificato l'ambiente con un impatto nuovo, dirompente e più rapido rispetto al passato. È l'era geologica in cui viviamo oggi, iniziata, secondo gli studiosi, negli anni Cinquanta; in quel periodo la Terra entrava nell'era dell'Antropocene (dal greco *anthropos*, uomo, *ekoinos*, recente).

L'intervento umano diventa determinante al punto tale che si ritiene che il 16 luglio 1945, con il Trinity Test nel New Mexico, prova generale dell'ordigno di Hiroshima, segnò l'inizio di una nuova era geologica[4]. Da molti anni geologi, esperti in stratigrafia, scienziati, climatologi, discutono su quale sia la data in cui l'Olocene, iniziato 11 mila anni fa, si sia concluso. Il termine Antropocene venne coniato già nel 2000 dal chimico olandese premio Nobel Paul Crutzen, mentre una ricerca compiuta da un gruppo internazionale di studiosi facenti parte dell'International Anthropocene Working Group ha scelto come data-simbolo dell'inizio della nuova era geologica il 16 luglio 1945.

La scelta è, come detto, simbolica, infatti come in ogni confine geologico, non esiste un marcatore temporale perfetto. L'aver fissato una data-simbolo è un'opportunità per evidenziare da dove sia partito il cambiamento a livello planetario a opera dell'uomo. Questa proposta, cui sottende una decisione geologica prima che storica, dovrà essere accettata e approvata dall'intero gruppo e ufficialmente sancita dalla Commissione internazionale di stratigrafia (Ics), che si pronuncerà sul tema entro il 2016.

La motivazione del cambiamento geologico è insita nell'esplosione stessa dell'atomica: da quel momento infatti alcuni isotopi radioattivi sono entrati a far parte anche degli strati delle rocce sedimentarie.

A questo si aggiungono altri inequivocabili interventi umani: la diffusione della plastica, per esempio, a partire dagli anni Cinquanta ha modificato il tipo di sedimenti depositati sui fondi marini e ha cambiato la struttura dei ghiacci, tracciando così un confine e una differenza marcata rispetto al passato, data dall'intervento e dalla responsabilità umana.

Esistono proposte alternative alla data di detonazione dell'atomica: molti geologi sostengono che il tempo in cui l'uomo iniziò con il suo operato a compromettere e plasmare la Terra va fatto risalire alla diffusione dell'agricoltura (la sua invenzione corrisponde a diecimila anni fa circa), altri ancora sostengono che sia utile guardare alla rivoluzione industriale (dalla fine del Settecento), mentre alcuni studiosi pensano che il cambiamento dirompente debba ancora avvenire. In termini geologici, ciò non deve stupire: i ragionamenti dei geologi abbracciano migliaia e spesso milioni di anni, piuttosto che i tempi brevi su cui siamo abituati a discernere.

A motivare e rinforzare la teoria proposta si aggiunge uno studio pubblicato dal professor Steffen dell'Australian National University. La ricerca ha analizzato l'impatto dell'uomo sull'ambiente negli ultimi sessant'anni proprio a partire dalla data contraddistinta come inizio dell'Antropocene e ha scelto 24 indicatori globali che testimonierebbero come l'attività umana e soprattutto il sistema economico globale siano il primo driver del cambiamento del Sistema Terra, ovvero la somma dei processi umani, biologici, chimici, fisici che interagiscono tra loro. Dei 24 indicatori, dodici riguardano in particolare l'azione umana (crescita economica, popolazione, consumo energetico, uso dell'acqua, trasporti, telecomunicazioni e così via), e altri dodici riguardano invece l'ambiente (biodiversità, deforestazione, ciclo del carbonio, ciclo dell'azoto ne fanno parte).

I risultati dello studio evidenziano come il forte processo di accelerazione del cambiamento dovuto all'intervento umano abbia già portato la Terra a superare il limite naturale di tolleranza, e questo è avvenuto soprattutto a partire dagli anni Cinquanta. Dal 1950, infatti, i grandi cambiamenti mondiali sono direttamente collegati al sistema economico. Alcuni esempi: l'uso di fertilizzanti è aumentato di otto volte, l'uso delle fonti di energia è aumentato di cinque volte, la popolazione che abita nei centri urbani è aumentata di sette volte. A livello ambientale, sempre a partire dagli anni Cinquanta si è avuta una accelerazione dei danni subiti alla biosfera e dell'estinzione di diverse specie. Proprio questo cambiamento, la cui accelerazione è stata così drammatica a partire da 65 anni fa, è una delle motivazioni più forti che sostengono la teoria dell'inizio dell'Antropocene nello stesso periodo.

Ma quando iniziarono i governi a porsi il problema dell'effetto dell'uomo sulla biosfera?

Si deve attendere il Summit di Rio nel 1992, che riunisce oltre 120 Capi di Stato e di Governo e delegazioni qualificate in rappresentanza di quasi tutto il mondo sviluppato ed in via di sviluppo, per fare il quadro patologico del nostro Pianeta e individuare insieme una valida prospettiva di risanamento e dare inizio ad uno sviluppo sostenibile per l'uomo.

Gli aspetti più gravi presentati e discussi a Rio sono stati: l'inquinamento dell'atmosfera, la distruzione delle foreste (in particolare quelle tropicali ed equatoriali), la desertificazione, la notevole crescita demografica e la diminuzione delle risorse naturali disponibili.

Anche se sono passati molti anni i problemi urgenti che mettono a rischio gli equilibri della biosfera non sono cambiati.

Il biossido di carbonio, o anidride carbonica, ha raggiunto concentrazioni eccessive e con il contributo di altri gas (ossidi di azoto (NO_X), cloro-fluorocarburi (CFC), metano (CH_4), ecc.) rischia di far aumentare l'effetto serra e cioè il riscaldamento dell'atmosfera, avendo come conseguenza ultima la fusione delle calotte polari e quindi l'innalzamento del livello dei mari con conseguente sommersione di una parte dei continenti.

Il buco nello strato protettivo di ozono (O_3) è sempre presente sull'Antartide e recenti osservazioni hanno registrato un peggioramento anche nello strato protettivo sul Polo Artico.

Ogni anno si verifica la distruzione di circa 15 milioni di ettari di foreste, in prevalenza foreste tropicali, con danni incalcolabili all'equilibrio ecologico e con la cancellazione di vasti e irriproducibili archivi della natura, con modificazioni negative sul clima del Pianeta.

L'impoverimento delle varietà biologiche nel mondo va avanti al ritmo di quattro specie all'ora ed interessa, oltre agli insetti ed i vegetali, anche gli animali di dimensione più grande.

La desertificazione minaccia un terzo delle terre emerse e procede con un ritmo di sei milioni di ettari all'anno.

Anche un elenco non esaustivo dei danni, come si vede, rende un quadro veramente catastrofico che evidenzia un processo distruttivo della Natura, dei suoi equilibri, dei suoi cicli fisici, chimici e biologici.

L'attività dell'uomo, che si è svolta e si svolge su programmi tecnocratici, finalizzati ad obiettivi isolati e redditizi a breve termine, attuati con tecnologie sempre più potenti e determinate dalla logica del profitto del gigantismo economico ed industriale ha determinato e continua a determinare un impatto tecnologico-industriale sulla biosfera di totale e rapidissimo degrado.

In altre parole, il degrado inizia ad essere irreversibile. Occorre risanare la biosfera per salvare la specie che la sta distruggendo: l'uomo.

Emerge così la coscienza ecologica: le prime reazioni di salvaguardia ambientale nascono quando l'opinione pubblica, e non solo alcuni scienziati naturalisti, avverte che gli eccessi, i danni, le lesioni provocate dall'irruzione della tecnologia nella Natura hanno avuto evidenti riflessi dannosi nella società e nella vita degli individui.

I principali fattori antropici che influiscono sulla biosfera sono:

- La crescita demografica mondiale
- la distruzione e l'inquinamento del plancton
- il disboscamento
- l'urbanizzazione
- l'agricoltura
- l'industrializzazione
- lo sfruttamento delle risorse naturali

Questi fattori hanno avuto ed hanno tuttora delle conseguenze negative sulla biosfera: tra i quali l'inquinamento, l'incremento dell'anidride carbonica nell'atmosfera e l'esaurimento delle risorse naturali.

4 - LA CRESCITA DEMOGRAFICA MONDIALE

Il 5 marzo 2015, in un discorso del Commissario per l'Ambiente, Affari marittimi e pesca europeo, Karmenu Vella ha sottolineato che:

"... in un mondo in cui la popolazione mondiale aumenta più di 200.000 unità ogni giorno, con tutta la domanda che pone sulla terra, acqua, cibo, mangimi, fibre, materie prime ed energia, questo non è più sostenibile"

Il 1° gennaio 2015 la popolazione della Terra ha raggiunto i 7,2 miliardi di persone[5] e il contatore avanza alla velocità di +140 abitanti al minuto. Gli analisti sostengono che nel corso dell'ultimo anno il numero della popolazione terrestre sia aumentato di 80 milioni di unità.

Si stima che il numero degli abitanti della Terra fosse di circa 250 milioni attorno all'anno Mille, di circa 500 milioni nel 1650 per raggiungere, agli inizi dell'Ottocento, il miliardo. La velocità di accrescimento è aumentata nel tempo: il tasso di incremento annuo è stato inferiore allo 0,5% dal 1650 al 1850, crescendo al 0,69% nel periodo 1850-1950. La massima espansione della popolazione mondiale è stata registrata nel periodo 1950-2000, dove l'incremento annuo è stato del 1,79%.

Il massimo livello della crescita demografica mondiale si è verificata agli inizi degli anni '60 dello scorso secolo, quando la popolazione mondiale era nettamente divisa in due parti: da una parte il mondo occidentale industrializzato (circa un miliardo di abitanti) ricco, molto longevo e poco prolifico; dall'altra la restante parte del mondo, i paesi cosiddetti in via di sviluppo (circa due miliardi di abitanti) poveri, poco longevi e molto prolifici. Dagli anni '60 è iniziato un processo di "convergenza" mondiale, verso minori livelli di fertilità e maggiori livelli di longevità che ha interessato soprattutto i paesi asiatici (in primo luogo il paese più popoloso del mondo, la Cina). È un processo che estendendosi a tutti i continenti e a tutti i paesi, sia pure con diverse velocità e con persistenti, profonde diseguaglianze, sta producendo due fondamentali conseguenze:

a) il rallentamento nella crescita della popolazione mondiale e insieme una redistribuzione del numero degli abitanti tra i vari continenti;

b) il progressivo invecchiamento della popolazione mondiale.

Se erano stati necessari meno di 40 anni (dal 1960 al 1999) per produrre il raddoppio della popolazione mondiale (da 3 a 6 miliardi di abitanti), la progressiva riduzione della fertilità e della conseguente contrazione della massa di donne in età fertile sta fortemente rallentando il ritmo di crescita della popolazione della Terra, che tuttavia è diseguale nelle varie regioni del mondo: fortemente contenuto in Europa, ancora molto sostenuto in Africa.

Le più attendibili proiezioni delle Nazioni Unite ci consegnano per il 2050 una Terra con poco più di 9 miliardi di persone, in cui cresce la percentuale di popolazione africana (+8,4% rispetto al 2000) e si contrae ulteriormente la percentuale della popolazione europea (solo il 7,6% della popolazione mondiale, − 4,3% rispetto al 2000).

Secondo gli esperti la differenza di crescita tra i paesi occidentali ed i paesi in via di sviluppo porterà ad un aumento della povertà nel mondo in quanto le risorse della Terra si stanno esaurendo.

Nel 2008, l'ONU ha evidenziato che la brusca crescita della popolazione mondiale, il cambiamento climatico, una diffusa incapacità gestionale e la crescente domanda di energia hanno accentuato la pressione sulle risorse idriche mondiali che stanno diminuendo. Secondo un Rapporto elaborato con il concorso di 24 agenzie delle Nazioni Unite, con una popolazione mondiale ormai attestata a oltre 7 miliardi di persone, alcuni Paesi hanno già toccato i limiti delle proprie risorse idriche.

Il cambiamento climatico renderà questa situazione ancora più drammatica. Non solo perché aumenterà la variabilità del clima, ma anche perché provocherà un incremento della già esistente pressione sulle risorse idriche.

Il Rapporto prevede che, a causa del cambiamento climatico, entro il 2030, quasi la metà della popolazione mondiale vivrà in aree ad alto stress idrico, tra cui l'Africa che conterà tra 75 e 250 milioni di persone sottoposte a tale pressione. Inoltre, la scarsità d'acqua in alcune zone aride e semiaride provocherà lo spostamento di un numero di persone comprese fra 24 e 700 milioni.

Oltre alla scarsità d'acqua in alcune regioni aride della Terra, la pressione sulle risorse idriche aumenta drammaticamente anche con il miglioramento della qualità della vita, la crescita dei centri urbani e l'incremento dei livelli di consumo, tutti fattori che determinano anche un'impennata della domanda di energia.

Il drammatico aumento della produzione di biocarburanti ha aggiunto ulteriori pressioni a quelle già esistenti. Ad esempio la produzione di etanolo è triplicato nel periodo 2000 - 2007 con un conseguente incremento della richiesta idrica di 1.000 – 4.000 litri per un solo litro di biocarburante.

Il bisogno globale di energia è destinato ad aumentare del 60% entro il 2030 – secondo una previsione dell'Agenzia Internazionale per l'Energia – e la domanda di energia arriverà dai paesi in via di sviluppo mentre il consumo di energia idroelettrica è destinato anch'essa ad aumentare del 60%.

Se secondo le nuove stime delle Nazioni Unite, la popolazione mondiale si attesterà a 9 miliardi nel 2050, incremento dovuto soprattutto ai paesi in via di sviluppo, bisogna assolutamente chiedersi quanto sia sostenibile la crescita economica e demografica dell'uomo.

La biosfera e gli ecosistemi della Terra sono troppo fragili per sostenere tale crescita.

Quello che si rivela importante è quindi l'uso che si fa delle risorse e la capacità di evitare il più possibile gli sprechi. Rivedere l'uso e frenare l'estremo consumo delle risorse che caratterizzano i nostri giorni – e ciò a cominciare dai paesi "ricchi", i paesi del consumo di massa – può essere una misura che aiuta ad evitare che i paesi in rapida crescita economica seguano le traiettorie di quelli del mondo ricco: oggi gli africani e gli asiatici più poveri producono 0,1 tonnellate di CO_2 ogni anno rispetto alle 20 tonnellate di ogni nordamericano. La crescita sta aiutando centinaia di milioni di uomini a sfuggire dall'estrema povertà ma è troppo forte il rischio che questo processo avvenga sullo stesso modello delle ricche nazioni dell'Europa e dell'America settentrionale, che per raggiungere le loro posizioni hanno divorato troppe risorse, con conseguenze disastrose per il pianeta. D'altronde, le parti del mondo in cui le popolazioni sono in più rapida crescita sono anche quelle più vulnerabili ai cambiamenti climatici, alle conseguenze del riscaldamento globale, alla penuria di acqua, alle migrazioni di massa e al calo delle derrate alimentari.

Se non si prendono gli adeguati provvedimenti, la storia insegna che un calo della capacità di crescita economica delle società provocherà inesorabilmente un aumento delle tensioni sociali con le conseguenze globali che tutti conosciamo e temiamo.

5 - LA DISTRUZIONE E L'INQUINAMENTO DEL PLANCTON

Da molti anni numerosi paesi hanno approvato leggi indirizzate a regolamentare lo smaltimento dei rifiuti in difesa del proprio territorio ma solo ora ci si accorge della grave situazione in cui si trovano i nostri mari. Gli oceani sono una fonte di cibo molto importante per l'umanità ed il forte inquinamento riscontrato crea molti dubbi riguardo alle ripercussioni sull'alimentazione globale.

L'inquinamento mette a grave rischio gli equilibri della biosfera ed in particolare il plancton.

Il plancton è l'insieme degli organismi che vivono sospesi nelle acque. Si distingue in plancton marino e in plancton d'acqua dolce. Alla formazione del plancton partecipano sia animali (zooplancton) sia vegetali (fitoplancton). Costituenti del plancton sono diatomee, radiolari, globigerine, copepodi, sifonofori, ctenofori, larve di echinodermi, di policheti, di molluschi, di crostacei e uova di pesci.

In una data zona la quantità e la qualità di plancton non sono costanti, ma variano in funzione alle stagioni e a volte anche da un anno all'altro: queste variazioni possono essere influenzate dalla temperatura, dalla salinità e dalla ossigenazione dell'acqua, dalla presenza di organismi planctofagi o di sostanze inquinanti. Nell'economia del mare e delle acque dolci il plancton ha notevole importanza come fonte alimentare: esso infatti costituisce il nutrimento basilare non solo di numerosissime larve, ma anche di pesci che sono oggetto di pesca intensiva (aringhe, sardine, acciughe), nonché di balene, balenottere e squali. Anche l'uomo, sempre più assillato da problemi di sovrappopolamento con conseguente riduzione delle disponibilità alimentari, ha orientato le proprie ricerche verso il plancton che, pur essendo ricco di proteine e di elementi nutritivi, non può essere consumato direttamente a causa dell'estrema tossicità di alcuni suoi costituenti[6].

Come sottolineato sopra, l'inquinamento modifica il plancton e di conseguenza tutta la catena alimentare.

L'ultima frontiera dell'inquinamento delle acque marine sono le microplastiche e le nanoparticelle delle quali non si conosce ancora il reale destino ambientale.

In un anno si producono circa 260 milioni di tonnellate di plastica, dei quali circa il 10% finiscono in mare e a seguito di un lento processo di degradazione possono, frammentandosi, trasformarsi in micro-particelle di dimensioni variabili fino a 5 mm, dette microplastiche, un problema di cui si è sempre parlato poco ma che ora, finalmente, sta finendo sotto la lente d'ingrandimento degli operatori di settore[7]. Ad esempio, nel Mediterraneo, sullo strato superficiale sono stati rilevati da 13.000–350.000 microframmenti/Km^2.

La microplastica raggiunge il mare direttamente come plastica di scarto o derivante dagli abrasivi (sabbiature) oppure dai cosmetici (come le microsfere di polietilene usate negli scrub della pelle) ma anche sacchetti e imballaggi che con le correnti, i vortici marini e la degradazione indotta dalla luce del sole, possono sminuzzarsi producendo minuscole particelle. I principali danni da microplastica sono il rilascio di sostanze tossiche dalle particelle (polistirene, stirene e uretano) e l'interazione dei miniframmenti con i piccoli organismi marini, dal plancton in su. Le microplastiche possono generare inquinanti organici persistenti e nocivi, chiamati POP (persistent organic pollutants). Tra questi si contano i bifenil-policlorurati, gli idrocarburi policiclici aromatici e altri composti potenzialmente cancerogeni o in grado di alterare il sistema endocrino.

Ma c'è a chi piace la microplastica fluttuante nell'acqua. Basta pensare alla popolazione marina che usa i frammenti di plastica come una casa, ossia un substrato su cui attaccarsi. Il substrato è disponibile ovunque in buona concentrazione: non bisogna neanche fare lo sforzo di andarlo a cercare. A usare la microplastica come porto di approdo sono per esempio i bivalvi (conchiglie) che invece di fissarsi a uno scoglio scendendo sul fondale, si ancorano alla plastica, rimanendo a galla in mare aperto. In pratica, i bivalvi hanno alterato il loro comportamento e ciò può modificare tutto l'ecosistema marino.

C'è poi da considerare il possibile ingresso della plastica nella catena alimentare. Anche il plancton si attacca ai microframmenti per cui quando viene ingerito dai pesci o da altri animali porta con sé il bagaglio di materiale indesiderato.

Un esempio di inquinamento dell'oceano a livello globale è la plastisfera.

Per gran parte del secolo scorso, si sono sviluppati un numero considerevole di tipi di plastica allo scopo di risolvere un considerevole numero di problematiche tecnologiche. Ma, dagli anni sessanta, si è sviluppato il lato oscuro di questo materiale: l'inquinamento. Ad esempio una bottiglia di plastica ci mette 450 anni per disintegrarsi. Si stima che 140 milioni di tonnellate di plastica galleggino nei nostri oceani e queste hanno dato origine ad un nuovo habitat, chiamato plastisfera.

Circa un anno fa gli scienziati cominciarono ad usare il termine plastisfera riferendosi ai detriti di plastica che galleggiano o affondano nei nostri oceani e nei nostri laghi e fiumi. La nuova parola sta ad indicare che questo nuovo oggetto non è entrato negli ecosistemi senza interferire. La plastisfera è stata studiata da un gruppo di scienziati statunitensi per capire quale attività svolgono i microbi che vivono su questo "mare di plastica".

I nostri oceani sono pieni di plastica che viene trasportata dalle correnti marine e può andare ad arenarsi sulle coste oppure andare a "nutrire" un'isola di plastica in mezzo all'Oceano Pacifico. Anzi di isole di plastica ce ne sono più di una: due nell'Atlantico, una nell'Oceano Pacifico e una anche nel Mediterraneo.

Ad esempio l'isola di plastica nel Pacifico è un enorme accumulo di spazzatura galleggiante (composto soprattutto da plastica). La sua estensione non è nota con precisione: le stime vanno da 700.000 km² fino a più di 10 milioni di km² (cioè da un'area più grande della Penisola Iberica a un'area più estesa della superficie degli Stati Uniti). Una massa enorme - 50 anni di rifiuti plastici - che sta letteralmente soffocando i mari, uccidendo migliaia e migliaia di animali ogni anno.

Qualsiasi oggetto galleggiante nel mare tende ad attrarre la vita. I pescatori lo sanno bene infatti distribuiscono boe galleggianti per concentrare i pesci per la raccolta. I rifiuti marini in plastica non sono diversi e, a scale microscopiche, microrganismi come batteri, alghe e altri organismi unicellulari si riuniscono intorno e colonizzano la plastica e altri oggetti galleggianti in acqua. Si formano delle comunità di microbi che crescono come uno strato sottile della vita (biofilm) all'esterno della plastica del plastisfera, analogo allo strato della vita all'esterno del pianeta Terra chiamato biosfera.

Siccome la plastica persiste per così tanto tempo, i microbi nella plastisfera possono essere trasportati per lunghe distanze, rendendoli una fonte potenziale di specie invasive. Se i microbi vengono spostati in mare da una varietà di ecosistemi differenti, potrebbero incidere sulle popolazioni microbiche autoctone e gli organismi più grandi che dipendono da questi microbi. Non è da escludere che la plastisfera possa modificare i detriti di plastica al punto da rendere ancora più dannosa la plastica per gli ecosistemi marini[8].

Al giorno d'oggi è impossibile concepire un mondo senza plastica ma abbiamo anche scoperto il prezzo da pagare: per fare le plastiche si utilizzano fonti non rinnovabili, non sono biodegradabili e quindi è necessario ottimizzare il loro utilizzo e quando possibile riciclarli oppure sostituirli con materiali alternativi.

6 - IL DISBOSCAMENTO

La biosfera terrestre ha un ruolo fondamentale all'interno del ciclo globale del carbonio. Essa scambia grandi quantità di carbonio con l'atmosfera: le piante catturano grandi masse di CO_2 dall'atmosfera tramite la fotosintesi, una quota di questa è rilasciata con la respirazione, mentre una quota è fissata nei composti organici (materia vivente) delle piante, ma anche nella lettiera e nel suolo. Le risorse forestali sono un elemento chiave nel ciclo globale del carbonio, poiché, essendo estese su circa 3,9 miliardi di ettari, pari a circa il 30% della superficie terrestre, sono un'immensa riserva di carbonio; inoltre esse rappresentano, tra tutti gli ecosistemi esistenti, quello con la più alta quantità di carbonio per unità di superficie[9].

Il Protocollo di Kyoto riconosce alle foreste e ai suoli agricoli un ruolo importante nelle strategie di mitigazione dei cambiamenti climatici, sostanzialmente attraverso tre metodi:

- creazione di nuove foreste

- appropriata gestione delle foreste esistenti e dei suoli agricoli

- uso delle biomasse per la produzione di energia, in sostituzione delle fonti fossili e di altri materiali

Nello specifico il Protocollo precisa che i paesi che intendono deforestare devono compensare la perdita di assorbimento di carbonio con nuove piantagioni forestali realizzate su terreni già in precedenza forestali (reforestation, nel testo del Protocollo) oppure su terreni non forestali (afforestation).

La FAO, in collaborazione con i suoi paesi membri, monitora le foreste del mondo dal 1946. Queste valutazioni globali forniscono preziose informazioni alla politica, ai negoziati internazionali, agli accordi e alle organizzazioni legate alle foreste. L'ultimo rapporto sulla situazione delle foreste risale al 2010, la pubblicazione del prossimo rapporto è prevista per settembre 2015.

In base a questo rapporto, il patrimonio forestale globale ricopre il 31% della superficie terrestre e corrisponde a circa 0,6 ettari pro capite[10].

Secondo la FAO, il patrimonio forestale è minacciato dalla deforestazione, dal degrado, dalla conversione in piantagioni industriali e pascoli, dal riscaldamento globale e dallo sfruttamento eccessivo. Oltre all'importante ruolo di conservazione della biodiversità, le foreste svolgono anche un'importante funzione di stabilizzazione del clima assorbendo ogni anno 289 miliardi di tonnellate di anidride carbonica e fungendo da depositi naturali di carbonio.

La deforestazione è dovuta principalmente alla conversione della foresta tropicale in terreni agricoli. Negli ultimi dieci anni, circa tredici milioni di ettari di foresta l'anno sono stati convertiti ad altri usi o persi per cause naturali. Dal 1990, il Brasile e l'Indonesia hanno avuto la più alta perdita netta di foreste. Ad esempio molto grave è la situazione nell'Amazzonia brasiliana che nel 2014 ha perso 107 chilometri quadrati di foresta. Gli studiosi pensano che la principale causa di questa perdita forestale sia la ripartenza dell'economia mondiale, con l'aumento della domanda per il manzo e la soia - materie prime che sono spesso realizzate su terreni disboscati – provocando un aumento della deforestazione per aumentare tali attività.

Un altro caso importante è l'Australia. In questo caso la perdita forestale netta dal 2000 si è aggravata a causa di gravi e continui periodi siccitosi con caldo eccezionale nel periodo estivo che ha contribuito allo sviluppo di numerosi incendi boschivi.

Fortunatamente le grandi perdite forestali sono state in parte controbilanciate dal rimboschimento e dall'espansione naturale delle foreste in alcuni paesi e regioni, riducendo in modo significativo la perdita netta di superficie forestale a livello globale. Sia l'Europa che l'Asia hanno avuto un aumento della copertura boschiva nel periodo 2000- 2010.

In Italia le foreste rappresentano una grande ricchezza di diversità biologica e, con 12 miliardi di alberi, oggi occupano il 34 per cento della superficie territoriale. Purtroppo gli incendi sono una grave piaga che mette a rischio l'integrità del territorio. Nel 2012, in Italia sono stati 8.304 gli incendi dolosi, colposi e generici (+4,6% rispetto al 2011) penalizzando soprattutto Campania, Calabria e Sicilia. Come sottolineato in precedenza e dalla Confederazione Italiana Agricoltori, il benessere di un bosco dipende anche l'equilibrio idrogeologico del suolo. Ma non solo, il bosco è anche uno degli elementi fondamentali del nostro paesaggio. E come tale costituisce un potenziale economico straordinario, anche dal punto di vista turistico e culturale.

La riduzione della superficie forestale può avvenire attraverso uno di questi due processi: la deforestazione e le catastrofi naturali.

La deforestazione, che è la causa più importante di riduzione della superficie forestata, implica che le foreste siano abbattute dall'uomo e la terra viene convertita in un altro utilizzo, come l'agricoltura o le infrastrutture.

Le catastrofi naturali sono spesso utilizzate dal settore economico, sfruttando la distruzione naturale delle foreste, per destinare le aree interessate ad altri utilizzi invece di ripristinare l'originaria foresta.

L'aumento della superficie forestale può avvenire in due modi: attraverso il rimboschimento (vale a dire la messa a dimora di alberi su terreni non in precedenza boschivi) o attraverso una naturale espansione delle foreste (ad esempio su terreni agricoli abbandonati, un processo che è abbastanza comune in alcuni paesi europei).

C'è un'indiscussa evidenza del fatto che le attività antropiche stiano modificando l'atmosfera terrestre su scala globale e tale certezza è al centro del dibattito sui cambiamenti climatici. La causa di questo incremento è oramai ben conosciuta: i gas a effetto serra. A questo gruppo di gas appartiene, ad esempio, la CO_2 che viene prodotta dalla combustione di oli fossili, di carbone e di gas, motori delle moderne economie, con un contributo addizionale derivante dalla deforestazione, soprattutto delle foreste tropicali.

Le emissioni di anidride carbonica sono bilanciate dal naturale sequestro rappresentato dal processo fotosintetico ad opera di piante ed alghe; tale processo utilizza il biossido di carbonio ed acqua rilasciando ossigeno nell'atmosfera e incorporando atomi di carbonio all'interno delle cellule vegetali. Negli ecosistemi forestali terrestri la maggior parte del serbatoio di carbonio è rappresentata dal suolo e dagli alberi; a differenza delle piante annuali che muoiono e sono decomposte velocemente, le piante legnose sono specie a lunga vita che, sviluppando un'imponente biomassa, sono in grado di inglobare una considerevole quantità di carbonio durante le loro fasi di crescita che dura diverse decadi. In altre parole, il continuo rilascio al suolo di sostanza organica morta e l'assenza di fattori di disturbo, permette l'accumulo di carbonio sotto forma di materia a lenta mineralizzazione (soprattutto derivati della lignina e composti humici). Le foreste dunque operano sia come veicolo per la cattura di carbonio addizionale, sia come riserva a lungo termine dello stesso carbonio.

Le stime fatte per FRA 2010 (Global Forest Resources Assessment 2010) mostrano che le foreste del mondo accumulano 289 gigatonnellate (Gt) di carbonio come biomassa. Mentre la gestione sostenibile, la semina e la riabilitazione delle foreste possono conservare o aumentare gli stock di carbonio delle foreste mentre la deforestazione ed il degrado li riduce.

Per molti anni si è ritenuto che le foreste raggiungessero il massimo della loro produttività in un'età intermedia, per poi diminuire in seguito alla maturità, fino a divenire neutre in termini di sequestro di carbonio o addirittura negative. Tuttavia, negli ultimi anni, questa teoria è stata completamente rivista, dal momento che diversi studi hanno dimostrato come anche alberi molto vecchi sono in grado di catturare il carbonio atmosferico.

Un aspetto molto importante è la foresta primaria ossia la foresta intatta, le cui funzioni vitali e l'ecosistema sussistono allo stato originario. Questa foresta non è mai stata toccata da attività umane a carattere industriale né dalla conversione agricola. La foresta primaria è una foresta matura e solitamente ospita il massimo grado di biodiversità. Attualmente le foreste primarie rappresentano il 36 per cento della superficie forestale – ma, dal 2000, sono diminuite di 40 milioni di ettari. Negli ultimi dieci anni è stata osservata una diminuzione del 0,4% per anno.

La diminuzione della superficie forestale primaria è in gran parte dovuto alla riclassificazione delle foreste da primarie ad altra tipologia di foresta a causa del disboscamento selettivo e di altri interventi umani.

Per la salvaguardia delle foreste sono molto importanti i parchi nazionali, le riserve di caccia, le aree naturali e altre aree protette che coprono oltre il 10 per cento della superficie forestale totale. La funzione principale di queste foreste è la conservazione della diversità biologica, la tutela delle risorse del suolo e dell'acqua, o la conservazione dei beni culturali.

Le foreste tropicali rivestono un ruolo chiave per il ciclo terrestre del carbonio; esse sono infatti tra gli ecosistemi più produttivi sulla Terra. Esse occupano una larga fascia che circonda soprattutto le regioni equatoriali; usando le stime e le definizioni ufficiali della FAO (Food and Agriculture Organization), queste regioni comprendono le foreste pluviali sempreverdi delle piane equatoriali (lowland evergreen rainforests at the equator), molte foreste decidue (deciduous forests), le foreste decidue secche (dry deciduous forests), le foreste di collina e di montagna (hill and mountain forests). In totale, le foreste tropicali e di savana (woody savannas) ammontano al 50 % delle aree forestali a livello globale.

Il problema forestale è un problema molto sentito e diverse attività sono state poste in essere per cercare di monitorare la copertura forestale mondiale. La NASA (l'agenzia spaziale americana) ha deciso di monitorare la Terra con il Landsat 8.

Il Landsat è un gruppo di satelliti per il telerilevamento che osservano la Terra. I dati da loro collezionati vengono utilizzati da oltre 30 anni per studiare l'ambiente, le risorse, e i cambiamenti naturali e artificiali che avvengono sulla superficie terrestre.

La messa in orbita dei satelliti Landsat ha iniziato l'era delle osservazioni della Terra per motivi non-militari. Questi satelliti sono stati i capostipiti dei satelliti per telerilevamento. Il sistema Landsat è l'unico che colleziona, archivia e distribuisce dati per tutta la superficie terrestre. Il primo satellite Landsat è stato messo in orbita il 23 luglio 1972 a cui seguirono altri 7 lanci per un totale di 8 satelliti. Ad esempio il satellite Landsat 8 della NASA, lanciato nel febbraio 2013, ha il compito di monitorare dall'alto lo stato di salute delle foreste. A seguito di un accordo col WWF, la NASA fornisce agli ambientalisti i dati registrati dal satellite per monitorare i tassi di deforestazione nelle foreste tropicali più minacciate del pianeta.

I rilevamenti hanno stabilito che la perdita forestale globale tra gli anni 2000 e 2012 è stato di 2,3 milioni di chilometri quadrati mentre, per lo stesso periodo, si è riscontrato in altre zone un aumento di 800.000 chilometri quadrati.

7 - L'URBANIZZAZIONE

Dalle foreste alle città, si passa da un ecosistema autonomo ad uno che sfrutta le risorse di altri sistemi.

L'urbanizzazione ha un impatto significativo sull'ambiente e sulle risorse naturali, e non riguarda solo la zona immediatamente vicina all'insediamento urbano, ma si estende anche nella periferia lontana.

Le innovazioni tecnologiche, i progressi nei vari campi delle scienze e della medicina non sempre sono andati di pari passo con il miglioramento della qualità della vita, soprattutto in ambiente urbano. Le mutate abitudini della civiltà odierna, lo sviluppo smisurato e disordinato dell'edilizia, l'addensamento dei nuclei abitativi e la crescente industrializzazione, hanno sconvolto gli equilibri dei sistemi ecologici determinando l'aumento dei già noti problemi d'inquinamento dell'aria, del suolo e delle acque e favorendo lo sviluppo e la trasmissione di agenti patogeni per l'uomo, le piante e gli animali.

L'area urbana costituisce un ecosistema artificiale complesso e limitato che degrada verso l'area periferica, sfumando in agroecosistemi e ecosistemi naturali. Quello urbano può essere considerato un ecosistema in transizione, dove l'attività antropica non consente di raggiungere una situazione di stabilità.

In termini biologici, la città è un sistema a bassa produttività che dipende pressoché totalmente dall'esterno per i suoi fabbisogni energetici e sempre all'esterno si rivolge per scaricare i rifiuti prodotti dagli impieghi energetici.

Studiando i sistemi urbani si evidenzia una forte richiesta di energia, che aumenta vorticosamente man mano che la città aumenta di dimensioni.

Le città attuali sono caratterizzate da condizioni di sovraffollamento, prevalenza di alcune specie su altre, mancanza di biodiversità, alterazione dei meccanismi naturali di competizione e predazione con crescita abnorme e incontrollata di alcune specie, basse fluttuazioni delle popolazioni animali con alterazione delle leggi classiche di dinamica delle popolazioni.

Criteri ecologici di tutela e progettazione dovrebbero consentire la fusione della città con il paesaggio anche tramite l'individuazione di validi indicatori di sostenibilità urbana. Gli indicatori devono essere collegati a:

- aree di biodiversità e naturalità, considerando che la città è strutturata come un mosaico di habitat;
- utilizzo delle energie rinnovabili sul territorio urbano;

- rapporto popolazione/riciclo/ripristino: indici del ciclo dei materiali;
- introduzione del parametro dell'ecological footprint (impronta ecologica) come vincolo alla pianificazione urbana.

In questi ultimi anni si sono sviluppati modelli per un nuovo modo di vivere le città.

L'espressione città intelligente (dall'inglese smart city) indica, in senso lato, un ambiente urbano in grado di agire attivamente per migliorare la qualità della vita dei propri cittadini. La città intelligente riesce a conciliare e soddisfare le esigenze dei cittadini, delle imprese e delle istituzioni, grazie anche all'impiego diffuso e innovativo delle tecnologie soprattutto nei campi della comunicazione, della mobilità, dell'ambiente e dell'efficienza energetica.

La definizione di smart city può essere più o meno complicata ma i fondamenti di base sono un'attenzione ai bisogni delle persone, alla gestione oculata delle risorse, allo sviluppo sostenibile ed alla sostenibilità economica.

Il progetto nasce a livello mondiale, con la città di Rio de Janeiro che svolge il ruolo di pioniere dei primi esempi di implementazione intelligente delle tecnologie al fine di migliorare la vita comune e ridurre gli sprechi negli ambiti più disparati, che vanno dal settore energetico a quello della gestione dei rifiuti. In Europa solo di recente, nel 2010, si è iniziato a parlare in termini di "Smart" prevedendo una spesa totale che si aggira tra i 10 ed i 12 miliardi di

Euro in un arco di tempo che si estende fino al 2020.

Gli investimenti sono volti a finanziare (o quantomeno stimolare) i progetti delle città europee che ambiscono a divenire "Smart". Tali progetti sono rivolti all'ecosostenibilità dello sviluppo urbano, alla diminuzione di sprechi energetici ed alla riduzione drastica dell'inquinamento grazie anche ad un miglioramento della pianificazione urbanistica e dei trasporti.

Fondamentalmente sono sei i parametri di identificazione e misura delle smart cities, analizzati nel rapporto "European Smart Cities" realizzato dall'Università di Vienna in collaborazione con quelle di Lubiana e di Delf[11] ovvero: mobilità, ambiente, persone, qualità della vita, governance e economia.

- Mobilità smart significa spostamenti agevoli, buona disponibilità di trasporto pubblico innovativo e sostenibile con mezzi a basso impatto ecologico, regolamentazione dell'accesso ai centri storici a favore di una maggiore vivibilità, adozione di soluzioni avanzate di gestione dei spostamenti quotidiani dei cittadini sia all'interno delle città che con le aree limitrofe.

- Ambiente smart significa dotarsi di uno sviluppo sostenibile puntando alla riduzione dell'ammontare di rifiuti e alla raccolta differenziata, alla riduzione delle emissioni di gas serra attraverso la limitazione del traffico e all'ottimizzazione delle emissioni industriali. A questi obiettivi si possono aggiungere la razionalizzazione dell'edilizia ed il conseguente abbattimento dell'impatto del riscaldamento e della climatizzazione, la razionalizzazione dell'illuminazione pubblica, la promozione, la protezione e la gestione del verde urbano nonché la bonifica delle aree dismesse.

- Persone smart significa rendere la popolazione consapevole dei problemi ambientali e partecipativa nella vita pubblica.

- Crescita della Qualità della vita smart si fonda sul rispetto della storia e dell'identità e considera un bene comune il proprio patrimonio culturale e le proprie tradizioni.

- Governance smart implica una visione strategica del proprio sviluppo e una definizione delle linee di azione. In base a questa scelte è in grado di coinvolgere i cittadini nei temi di rilevanza pubblica.

- Economia smart stimola e promuove il sistema costituito da imprese private, enti pubblici e istituti di ricerca e con l'impegno di armonizzare e promuovere le imprese virtuose.

La sostenibilità rappresenta da qualche anno una sfida importante anche per l'architettura. Le firme più prestigiose vi hanno attinto per trovare nuovi stimoli, e puntano sull'innovazione e su soluzioni sempre più originali per i propri progetti all'insegna del verde. Ed è proprio dagli architetti che arriva l'idea della città del futuro: le Earth City.

Il concetto di Earth City è nato con la necessità imposta dalla crisi economica di riconsiderare la produzione e il consumo di energia delle città tradizionali. Non esistono più le metropoli, ma le città devono essere viste come piccoli aggregati, formati da tre blocchi funzionali di 5.000 residenti per un totale di circa 15.000 abitanti, integrati nel territorio. Quasi la metà della superficie è un grande polmone dedicato alla biodiversità. Inoltre sono previste zone per l'agricoltura e l'allevamento allo scopo di soddisfare il fabbisogno dei residenti.

Earth City è la risposta alle attuali esigenze legate all'energia, all'ambiente, alla sicurezza e alla preservazione e protezione dei beni storici e delle risorse naturalistiche. Non saranno comunità isolate bensì fortemente connesse al contesto circostante.

Le cittadine saranno autosufficienti dal punto di vista energetico. Alimentate da fonti energetiche rinnovabili che producono quanto basta alle necessità del momento. I trasporti prevedono perlopiù mezzi pubblici ed auto elettriche in condivisione. Oltre che ampie aree pedonali.

La peculiarità è la visione unificata di architettura, ingegneria, eco-sostenibilità e design.

Se le "smart city" sono ormai una realtà, le earth city sono una visione, una speranza per rendere le città "illuminate" o forse solo un'utopia filosofica.

8 - L'AGRICOLTURA

Al pari di tutti gli altri esseri viventi anche l'uomo è inserito nel complesso meccanismo della circolazione della materia e del flusso dell'energia che assicura il funzionamento degli ecosistemi. Tuttavia l'uomo ha acquisito nel tempo la consapevolezza delle proprie possibilità di intervenire nei meccanismi naturali, ed è passato da una posizione di integrazione ad una di dominio. Ha così cominciato a interferire sempre di più nei processi di funzionamento della natura ponendosi al di fuori e al di sopra di tutti gli altri organismi viventi.

L'ambiente umano, come gli ecosistemi naturali, ha una propria struttura, un proprio funzionamento e una propria storia: nell'ecosistema umano le popolazioni, gli animali e i vegetali, l'economia, la cultura, sono tutte componenti legate fra loro da un sistema di rapporti che determinano la qualità di vita dell'uomo.

Nel periodo pre-agricolo, al pari degli altri animali con i quali conviveva, l'uomo era soggetto ai fattori ambientali che regolano la vita. L'uomo, cacciatore e raccoglitore, era dunque inserito, come tutti gli altri viventi, nei vari ecosistemi naturali assolutamente non in grado di disturbare i flussi di energia e di materia.

Con l'introduzione dell'agricoltura, alla fase di sottomissione alla natura è succeduta quella dell'alterazione della natura quando, a partire dal neolitico, l'uomo ha iniziato a sviluppare le pratiche agricole e l'allevamento. In questa fase le specie animali e vegetali sono state scelte dall'uomo tra quelle che si prestavano meglio ad essere allevate e coltivate. È iniziato così lo squilibrio fra la natura e la specie umana, che è andata pian piano estraniandosi dagli altri viventi e dall'ambiente stesso. La nascita dell'agricoltura e della pastorizia diede luogo ad una azione antropica sugli ecosistemi, all'inizio di modestissima entità, ma via via sempre più incisiva. Nelle zone dove il rapporto tra popolazione e territorio era basso, si insediò un'agricoltura itinerante con interventi sulla biosfera alquanto limitati. Nelle zone, invece, che per condizioni ambientali favorevoli, rendevano possibili numerosi insediamenti di tipo permanente (villaggi e città) ebbe inizio un'attività costante di modifica all'ecosistema naturale: foreste abbattute, terreni dissodati, torrenti e fiumi regolati e regimati. Accanto agli ambienti naturali se ne generarono di nuovi, diversi dai precedenti che comunque non erano troppo diversi dagli ecosistemi naturali: infatti l'uomo agricoltore modificava il territorio usando tecniche e pratiche ricavate direttamente dall'osservazione della natura e quindi compatibili con essa.

Il periodo industriale è caratterizzato dalla nascita e

dall'incremento delle lavorazioni industriali, conseguenza diretta delle scoperte scientifiche e del capitalismo che determinarono alla fine del diciottesimo secolo quella che viene chiamata rivoluzione industriale. In agricoltura l'impiego di nuove tecniche che richiedevano l'uso di nuove energie hanno modificato rapidamente i cicli di fertilità dei suoli e i rapporti tra le parti della biosfera e di conseguenza si sono profondamente modificati gli ecosistemi naturali. Lo sviluppo nato dalla rivoluzione industriale è uno sviluppo basato soprattutto sull'aumento della produzione di beni, possibile soltanto con l'uso crescente delle risorse energetiche, prima carbone, poi petrolio e nucleare, con l'uso sempre più intenso di risorse minerali e organiche e con la loro sempre più rapida trasformazione in beni di consumo. Si è assistito cosi, alla progressiva antropizzazione degli ambienti naturali che hanno portato alla formazione degli agrosistemi e dell'antroposistema (metropoli e siti industriali).

Il prelievo massiccio di beni e prodotti naturali, l'intervento sul funzionamento dei meccanismi biologici, sul ciclo delle sostanze e sui flussi energetici, hanno provocato un netto miglioramento delle condizioni di vita degli uomini in tutti i suoi aspetti: salute, condizioni economiche, condizioni culturali. Questo sviluppo è stato però accompagnato da una produzione di rifiuti e di veleni, erosioni del suolo e distruzioni di ambienti naturali di enorme portata, tanto che negli ultimi anni si parla sempre più frequentemente di crisi ecologica. L'uomo dovrà, il più presto possibile, acquisire la coscienza dei limiti dello sfruttamento imposti dalla natura, non negando il progresso tecnologico ma riportandolo in ambiti di compatibilità naturale.

Con l'industrializzazione è stata introdotta anche l'agricoltura intensiva. Secondo una recente analisi effettuata dai ricercatori dell'Università del Maryland essa è diventata insostenibile. Secondo gli autori, le pratiche agricole intensive sono abbastanza potenti da alterare gli equilibri dell'atmosfera terrestre a una velocità sempre crescente.

Dai dati raccolti negli ultimi cinque decenni è emerso che l'anidride carbonica atmosferica rilasciata dai campi coltivati in modo intensivo è aumentata di circa il 15%. Il trend non accenna a fermarsi: ogni anno, in media, l'anidride carbonica sta aumentando a un tasso dello 0,3% aggravando il riscaldamento globale.

Il modo in cui gestiamo la terra incide pesantemente sulle modalità di respirazione della biosfera. È noto che i livelli di biossido di carbonio registrati nell'atmosfera nell'emisfero settentrionale sono più bassi alla fine dell'estate e ad inizio autunno. In quest'area della Terra c'è più vegetazione rispetto all'emisfero meridionale. Il livello di anidride carbonica precipita in primavera e in estate, quando tutte le piante dell'emisfero raggiungono la loro massima crescita, assorbendo anidride carbonica e rilasciando ossigeno. In autunno, quando le piante dell'emisfero nord si decompongono e rilasciano il carbonio immagazzinato, i livelli di biossido di carbonio dell'atmosfera aumentano vertiginosamente.

Dal 1961 al 2010, l'oscillazione dei livelli stagionali di CO_2 è diventata sempre più marcata. Secondo gli esperti questo aumento è da imputare all'agricoltura intensiva. Tra il 1961 e il 2010 le superfici coltivate sono aumentate del 20% e la produzione agricola è triplicata, portando al rilascio di una maggiore quantità di CO_2 nell'atmosfera.

Una importante sfida è rappresentata dalla mitigazione degli impatti dell'agricoltura stessa sulla biosfera, in particolare per mezzo della riduzione nell'uso di mezzi agricoli ad alta produzione di CO_2 e l'assorbimento di gas serra da parte dei sistemi produttivi. L'agricoltura convenzionale ha, infatti, avuto un grande impatto sul cambiamento climatico, contribuendo al 25% del rilascio totale annuo di anidride carbonica, al 50% delle emissioni annue di metano (CH_4) e al 75% delle emissioni annue di protossido di azoto (N_2O).

La quantità di carbonio contenuta nei suoli agricoli è oggi molto inferiore rispetto al passato. Si stima che l'introduzione dell'agricoltura intensiva abbia causato una perdita netta di carbonio dal suolo verso l'atmosfera pari a 40-90 Gt di CO_2.

Oltre a ridurre la quantità di carbonio sequestrato e la capacità di assorbimento dei terreni, l'agricoltura intensiva ha provocato un aumento delle emissioni di anidride carbonica legate ai processi di produzione. L'eccessivo ricorso a macchinari ad alta emissione e l'impiego di fertilizzanti, pesticidi ed erbicidi chimici prodotti da combustibili fossili hanno reso l'agricoltura moderna fortemente dipendente dai prodotti del petrolio. A questo si deve aggiungere il rilascio di carbonio dovuto alla bruciatura dei residui agricoli.

È necessario trasformare l'agricoltura intensiva. Se ben gestiti, gli ecosistemi agrari hanno anche una potenziale funzione di "carbon sink", ossia sono in grado di rimuovere gas a affetto serra, sfruttando la loro capacità di assorbire e immagazzinare carbonio atmosferico nel suolo e nella vegetazione (biomassa). Un recente report della Royal Society inglese afferma che una corretta gestione agricola può contribuire facilmente ad assorbire circa il 33% delle emissioni di carbonio antropogeniche mondiali.

Le proprietà chimico-fisiche dei suoli determinano un minore o maggiore sequestro del carbonio. Suoli ricchi di humus e microrganismi hanno una capacità di assorbimento maggiore rispetto a suoli poveri di sostanza organica.

In Italia un incremento di solo lo 0,1% del contenuto di carbonio organico del suolo equivarrebbe a un sequestro netto di 198 Mt di CO_2, valore che eccede di gran lunga le 99 Mt di CO_2 fissate dal Protocollo di Kyoto per il nostro Paese.

In Italia la produzione di residui colturali ammonta a circa 80 milioni di tonnellate di sostanza organica. La gran parte di questi residui viene degradata o distrutta, creando un flusso di oltre 110 milioni di tonnellate di CO_2 all'anno verso l'atmosfera. Una migliore gestione dei residui colturali, che preveda un loro riutilizzo a fini energetici o tecnici, oppure una loro re-incorporazione nel suolo, potrebbe tradursi, quindi, in una consistente riduzione delle emissioni.

Sembrano promettenti anche gli studi per la sostituzione delle attività agricole tradizionali con attività di tipo forestale in aree climaticamente svantaggiate o con suoli in pessime condizioni. Se ben condotte, in particolare per mezzo di un nullo o scarso uso di prodotti fitosanitari, queste attività portano ad un aumento della biodiversità nelle zone ad agricoltura intensiva.

Pratiche ecocompatibili fondamentali sono la rotazione e gli avvicendamenti che, alternando nel tempo colture che si complementano nel fabbisogno di nutrienti, evitano l'impoverimento dei suoli e quindi aumentano la loro capacità di assorbire il carbonio. Alcune specie vegetali, come ad esempio i cereali, impoveriscono, infatti, la sostanza organica del suolo, e per questo devono essere alternate con altre specie che rilasciano nel terreno sostanze nutritive e azoto come le leguminose.

L'agricoltura biologica ha, altresì, effetti positivi molto significativi, mitigando il cambiamento climatico, riducendo le emissioni, aumentando l'assorbimento dei gas serra, risparmiando energia e acqua, garantendo una migliore qualità del suolo e degli ecosistemi, proteggendo i suoli dall'erosione e riducendo fortemente l'inquinamento. Un campo coltivato ad agricoltura biologica è in grado di trattenere fino a 6 volte in più la quantità di carbonio per ettaro all'anno rispetto ad un campo convenzionale.

La gestione dei suoli agricoli ha, quindi, un ruolo essenziale nelle strategie nazionali e internazionali di mitigazione dell'effetto serra e dei cambiamenti climatici globali. Il Protocollo di Kyoto riconosce il contributo che può essere fornito dall'agricoltura e introduce la possibilità di contabilizzare l'incremento di carbonio nei terreni agricoli per il mantenimento degli impegni assunti dai vari paesi per la riduzione delle emissioni di gas-serra.

9 – L'INDUSTRIALIZZAZIONE

L'industrializzazione e lo sviluppo tecnologico hanno influito ed influiscono in modo decisivo sulle condizioni di vita dell'uomo. Lo sviluppo economico ha prodotto un innalzamento della qualità della vita, generando nel contempo però moltissimi problemi ambientali che a loro volta hanno indotto a riconsiderare il ruolo tradizionale dell'economia.

Con il termine industrializzazione si intende quel processo di trasformazione di una società da uno stadio rurale ad uno industriale, con una forte urbanizzazione e abbandono delle campagne a favore del lavoro nelle fabbriche. L'industrializzazione si manifestò in maniera crescente per la prima volta negli Stati Uniti e in Europa nel diciannovesimo secolo. Essa cammina di pari passo con l'evoluzione tecnologica: ci sono scoperte che hanno letteralmente cambiato il modo di pensare la vita quotidiana. Invenzioni come il motore a vapore, l'energia elettrica, il telegrafo, il telefono, internet che hanno stravolto il modo di vivere creando l'era tecnologica.

La fabbricazione delle merci – il fine delle attività manifatturiere e industriali raggiunto mediante la tecnica – consiste nell'uso di alcune risorse di origine naturale (prodotti agricoli e forestali, animali, minerali, combustibili fossili) e nella loro trasformazione in oggetti di uso comune: alimenti, indumenti, macchine, eccetera.

In ciascun processo di trasformazione si generano dei sottoprodotti e delle scorie che, prima o poi, finiscono in natura. Le merci vengono a loro volta trasformate o direttamente utilizzate e i prodotti di trasformazione, o le merci usate, finiscono anch'essi come scorie e rifiuti nell'ambiente. Una parte delle merci usate può essere riciclata prima che torni nell'ambiente e utilizzata come materia prima per altre trasformazioni e per la produzione di altre merci: carta, vetro, plastica, alluminio, ecc.. Siamo di fronte ad un ciclo che comporta un trasferimento di materia: dalla natura all'uomo per poi tornare nuovamente alla natura, come tale o trasformata.

All'interno dei mondi vitali della biosfera, la specie umana si è così ritagliata una propria nicchia "ecologica" che, localmente, ha sostituto in tutto o in parte gli ecosistemi naturali preesistenti. Tale opera di sostituzione, iniziata in sordina una decina di migliaia d'anni fa con l'avvento dell'agricoltura e delle città nel Neolitico, si è intensificata in corrispondenza delle rivoluzioni industriali e demografiche degli ultimi due secoli originando un ambiente artificiale particolarmente dinamico ed espansivo, il tecnosistema, ramificato su tutto il pianeta.

I cicli degli elementi nella tecnosfera differiscono da quelli della biosfera per il fatto che la sottrazione di risorse "commerciali" dalla biosfera lascia terre, cave e miniere impoverite, e che l'immissione di scorie nei "corpi riceventi" della biosfera ne modifica i caratteri chimici ed ecologici e rende la materia non più utilizzabile dalla natura: in altre parole parliamo di inquinamento dell'aria, dell'acqua e della terra.

L'evoluzione della tecnosfera, e quindi dell'industrializzazione, è di fatto anche un processo culturale, ma come ogni trasformazione sociale ci sono degli aspetti collaterali, quali l'inquinamento e il capitalismo.

Si possono individuare due tipologie di evoluzione:

- Razionale: ossia fare un bilancio su ciò che è fattibile e ciò che non lo è, valutare le conseguenze sull'uomo e sull'ambiente.

- Selvaggia (soprattutto nei processi produttivi): spesso ha una sola regola che è quella di fare un bilancio tra costi e benefici in maniera assoluta.

La storia degli inquinamenti dovuti alle attività manifatturiere mostra che la consapevolezza degli inquinamenti e dei relativi danni non è venuta dai governi (nazionali o locali) e tanto meno dagli imprenditori, ma dalla protesta popolare, dai movimenti che potremmo chiamare di "contestazione ecologica".

Tali movimenti sono riconoscibili fin dall'alba dell'età dell'industrializzazione, prima nei paesi più industrialmente avanzati (e quindi più inquinati), poi in seguito in tutti i paesi industrializzati, inclusa l'Italia. È questa una delle pagine meno conosciute della storia dei rapporti fra popolazioni locali (talvolta con i loro interessi specifici), imprese, lavoratori e loro organizzazioni sindacali, governi, ambiente scientifico.

Inizialmente il ruolo degli scienziati era di passare dall'osservazione della natura alle innovazioni di importanza pratica e commerciale. In tempi più recenti il ruolo degli scienziati ha avuto importanza in due fronti contrapposti: da una parte nel riconoscere e denunciare le fonti di alterazioni ambientali di origine industriale e dall'altra nel minimizzare la responsabilità industriale nelle controversie che vedono contrapposti inquinatori e inquinati.

Le industrie sono responsabili di un ampia varietà di inquinamenti ambientali attraverso le emissioni nell'aria, nelle acque, nel suolo di sostanze tossiche provenienti dalle varie lavorazioni. C'è inoltre l'inquinamento termico provocato dall'acqua calda utilizzata negli impianti che viene poi reintrodotta nei fiumi o nel mare con danni alla flora e alla fauna.

Tra il 1997 e il 2002, in Italia ed in molti altri Stati membri dell'Unione Europea è stato registrato un forte aumento della produzione dei rifiuti derivanti dalle attività economiche, fra cui l'industria manifatturiera, quella mineraria, il settore edile (costruzione e demolizione) e l'agricoltura. In linea generale, le attività di tipo industriale sono responsabili di circa il 75% dei rifiuti prodotti, mentre il restante 25% deriva dalle attività di origine domestica. Secondo fonti ufficiali (Rapporto Rifiuti 2004, APAT, ONR), nel 2002 in Italia sono stati prodotti circa 92,1 milioni di tonnellate di rifiuti speciali, di cui 49,3 milioni di tonnellate di rifiuti speciali non pericolosi, 4,9 milioni di tonnellate di rifiuti speciali pericolosi, 37,3 milioni di tonnellate di rifiuti da costruzione e demolizione e circa 401 mila tonnellate di rifiuti non determinati (per i quali non è stato possibile stabilire la categoria di attività produttiva – NACE - o il Codice dell'Elenco Europeo di appartenenza).

Nella biosfera, l'evoluzione ha portato ad un uso efficiente dei materiali e dell'energia; nella tecnosfera, si assiste allo sfruttamento delle risorse ed al rilascio nell'ambiente di sottoprodotti inutilizzati (emissioni in aria, acqua, suolo); imparando dalla biosfera, la tecnosfera può progettare e gestire i propri processi cercando di migliorare la propria efficienza e limitando, il più possibile, il rilascio di sottoprodotti inutilizzati nell'ambiente.

Attraverso l'analogia con gli ecosistemi naturali, che si distinguono per il loro carattere ciclico, si introducono i concetti di metabolismo industriale e di simbiosi industriale. Secondo Hawken, nel suo libro "The ecology of Commerce", l'ecologia industriale fornisce per la prima volta uno strumento di gestione integrata su larga scala, che progetta le infrastrutture industriali "come se fossero una serie di ecosistemi industriali interconnessi ed interfacciati con l'ecosistema globale". Per la prima volta l'industria sta andando oltre la metodologia del ciclo di vita e sta applicando il concetto di ecosistema al complesso delle attività industriali: il "metabolismo industriale" ovvero la catena dei processi fisici che trasformano le materie prime e l'energia in prodotti e rifiuti. Uno degli obiettivi della disciplina del metabolismo industriale è quello di studiare il flusso dei materiali attraverso la società al fine di comprendere meglio le fonti, le cause e gli effetti delle emissioni.

10 - LO SFRUTTAMENTO DELLE RISORSE NATURALI

Si definisce risorsa qualsiasi materiale naturale che può essere utilizzato da una comunità biologica per soddisfare i propri bisogni. Lo sono ad esempio l'acqua e i sali minerali per le piante e le piante per gli erbivori. Oggigiorno il concetto di risorsa è riferito alle necessità ed esigenze dell'uomo. In questo senso tutto ciò che l'uomo utilizza per produrre beni e ricchezza è una risorsa.

L'utilizzo di determinati materiali naturali è strettamente legato alla cultura e alla tecnologia di una popolazione: la selce e l'ossidiana, due rocce compatte e molto resistenti, costituirono una risorsa non indifferente durante l'Età della Pietra, nella produzione di lame taglienti, ma oggi sono prive di qualsiasi valore. La qualità e quantità delle risorse varia quindi nel tempo con l'evolversi delle conoscenze che, in definitiva, costituiscono anch'esse delle risorse.

La biosfera dispone, quindi, di due grandi categorie di risorse: le risorse naturali e quelle umane. Quest'ultime sono costituite dal lavoro e dalla cultura dell'uomo che si trasformano in beni strumentali e nel patrimonio storico-culturale.

È importante notare come il sistema naturale, nel corso della sua storia, sia stato in grado di svilupparsi ed evolvere. Esso ha incrementato la varietà e la disponibilità delle risorse, realizzando sempre maggiore complessità di organizzazione, accumulo e distribuzione di queste. All'inizio della storia della Terra, infatti, erano presenti solo sostanze minerarie ed energia solare. In seguito si è avuta la formazione di altre importanti risorse come l'aria atmosferica, i mari e le acque continentali. Con lo sviluppo delle forme di vita vegetali e animali ha preso avvio sulla terraferma la formazione del suolo, risorsa fondamentale per lo sviluppo della specie e l'accrescimento di nuove ulteriori risorse (idrocarburi, combustibili fossili).

Nelle economie del mondo antico le principali risorse naturali erano la fertilità della terra, i prodotti agricoli, la pesca, la caccia. A queste si aggiungono le materie prime minerarie (ferro, bronzo, rame) utilizzate in particolar modo per la fabbricazione di utensili, armi, ecc.

Sulla disponibilità e qualità delle risorse naturali anche l'uomo ha fondato il proprio sviluppo socioeconomico accrescendo in modo eccezionale la capacità di utilizzarle e di modificarle in tempi molto brevi, specie se confrontati con i loro tempi di crescita. Da ciò consegue il duplice rischio per la società di provocare la riduzione della disponibilità e l'alterazione della qualità delle risorse naturali necessarie alla sopravvivenza di molte specie vegetali, animali e dell'uomo.

Il petrolio ed il carbone sono due classici esempi di risorse naturali non rinnovabili cioè destinate all'esaurimento. È necessario e urgente individuare sistemi di consumo e di sviluppo diversi che possano essere sostenuti dal sistema delle risorse naturali secondo i suoi ritmi e i suoi tempi. Tale obiettivo, definito come sviluppo sostenibile, potrebbe essere raggiunto se le attività umane fossero strutturate secondo schemi a ciclo chiuso, in modo da utilizzare soltanto quantitativi limitati di risorse, prevedendo la velocità di rinnovo della natura.

La disponibilità o meno di risorse energetiche è un fattore che pesa in maniera significativa sulla ricchezza economica di uno Stato rendendolo più o meno autosufficiente in fatto di approvvigionamento e sfruttamento di tali risorse nonché sulla possibilità di vendita di materie prime all'estero sotto forma di esportazioni con effetto diretto sulla bilancia commerciale. Buona parte delle diversità di ricchezza tra gli Stati e parte delle tensioni politiche a livello mondiale sono causate proprio da una diversa distribuzione delle risorse naturali, che è dunque non omogenea.

Oggi, più del 80 per cento della popolazione mondiale vive in paesi che utilizzano più risorse di quello che è rinnovabile all'interno dei propri confini. Questi paesi si affidano, per le loro esigenze, alle eccedenze nei paesi creditori ecologici, ossia che consumano meno di quello che hanno. In confronto, nel 1961, la maggior parte dei paesi in tutto il mondo avevano eccedenze ecologiche.

Tra tutti gli sfruttamenti delle risorse, merita sottolineare il forte impatto del petrolio sull'ambiente. In questi ultimi anni si è sviluppata, tra le altre. una vivace discussione in merito allo shale gas.

L'abbondante uso del petrolio ha comportato una serie di problemi all'ambiente in cui viviamo. Troppe volte siamo stati costretti ad assistere impotenti ai disastri provocati dalla fuoriuscita del greggio dalle grossi navi cisterna in navigazione sugli oceani. Si pensi che un solo litro di petrolio può ricoprire con un sottile strato circa 4.000 m^2 di mare, l'equivalente di 16 campi da tennis. Si calcola che in tutto il mondo si siano riversati nelle acque dei nostri mari dai 4 ai 6 milioni di tonnellate di greggio. Incidenti possono avvenire anche durante le operazioni di carico e scarico delle petroliere o sulle piattaforme di trivellazione dei giacimenti sottomarini. Oltre a questi danni involontari e fortuiti la situazione viene aggravata dal periodico lavaggio delle cisterne delle navi, fatto con l'acqua del mare, scaricata sporca e densa di residui oleosi.

Gli effetti inquinanti del petrolio sull'ambiente marino sono disastrosi; gli uccelli, con le piume impregnate dal liquido nero, muoiono sulle coste, diventano cibo per altri animali che, avvelenati, seguono la stessa sorte. La catena sembra non avere fine e i danni a lungo termine saranno ancora più gravi di quelli immediati. I tentativi per rimediare a questi incidenti non si sono rivelati soddisfacenti; si è provato a impiegare sostanze chimiche in grado di sciogliere il petrolio, ma gli effetti secondari sulla fauna marina sono stati giudicati altrettanto gravi. Un altro aspetto inquietante legato all'uso del petrolio deriva dalle sostanze altamente tossiche che si sviluppano durante la combustione.

L'ultima frontiera del petrolio è il fracking. Ultimamente tutti i governi cercano di convincere le popolazioni che è una pratica sostenibile e rispettosa dell'ambiente.

La fratturazione idraulica, spesso denominata con i termini inglesi fracking o hydrofracking, è lo sfruttamento della pressione di un fluido, in genere acqua, per creare e poi propagare una frattura in uno strato roccioso. La fratturazione viene eseguita dopo una trivellazione entro una formazione di roccia contenente idrocarburi, per aumentarne la permeabilità al fine di migliorare la produzione del petrolio o dello "shale gas" (gas metano) contenuti in giacimenti non convenzionali.

Le fratture idrauliche possono essere sia naturali che create dall'uomo; esse vengono create e allargate dalla pressione del fluido contenuto nella frattura. Le fratture idrauliche naturali più comuni sono i dicchi (corpi rocciosi) oltre alle fessurazioni causate dal ghiaccio nei territori con climi freddi. Quelle create dall'uomo vengono indotte in profondità in ben precisi strati di roccia all'interno dei giacimenti di petrolio e gas, vengono estese pompando fluido sotto pressione e poi mantenute aperte introducendo sabbia, ghiaia, granuli di ceramica come riempitivo permeabile; in questo modo le rocce non possono richiudersi quando la pressione dell'acqua viene meno.

Ogni pozzo necessita dai 2 ai 4 milioni di galloni di acqua per poter operare, che si traducono in 7-14 milioni di litri di acqua satura di sostanze chimiche. Nonostante la propaganda dei petrolieri, secondo cui le cementificazioni e le impermeabilizzazioni dei pozzi sono perfetti, nessuna attività dell'uomo è esente dal logorio e da difetti, ed è evidente che continuando a pompare miscele inquinanti nel terreno, prima o poi accadrà un evento grave di tipo inquinante, soprattutto dovuto a meccanismi di cessione e migrazione di sostanze altamente inquinanti.

Nel 2000 lo shale gas, il gas estratto da rocce porose, costituiva il 2% della produzione di gas naturale degli Stati Uniti d'America. Alla fine del 2012 la percentuale era già salita al 40%. Nel prossimo futuro è destinata a crescere ancora, consentendo agli Stati Uniti di tagliare tre diversi traguardi: scalzare la Russia quale massimo produttore mondiale di gas naturale, raggiungere l'indipendenza energetica e dare un formidabile contributo ad abbassare i costi mondiali dell'energia e, dunque, a rilanciare l'economia planetaria. Per questo molti parlano di una vera e propria shale revolution.

Quella dello shale gas, dicono i più ottimisti, è un'autentica svolta storica, una rivoluzione appunto, perché modificherà gli equilibri energetici, economici e geopolitici del pianeta. E avrà anche un positivo impatto ecologico. Il presidente degli Stati Uniti, Barack H. Obama, punta su questo «gas naturale non convenzionale», come la fonte energetica principale nel periodo di transizione verso le fonti rinnovabili e carbon free, che non producono gas serra.

Altri studiosi dichiarano che il boom dello shale gas è stato ampiamente sovrastimato dagli operatori e dagli speculatori. Le riserve di shale gas sono state sovrastimate dai vari operatori da un minimo del 100 per cento fino al 400-500 per cento. Inoltre Wall Street ha giocato un ruolo chiave dietro le quinte nella promozione del boom del fracking attraverso fusioni e acquisizioni societarie, replicando un modello simile a quello già visto con il boom immobiliare e che ha portato alla crisi finanziaria recente. Il declino medio per pozzo va dal 77 al 89 per cento nel corso dei primi tre anni dalla trivellazione. Cioè se all'inizio l'estrazione può essere stimata in100, dopo tre anni la produttivtà scende inesorabilmente a 25. Se si guarda ai giacimenti interi, dove il numero di pozzi può aumentare nel tempo, il declino è compreso tra il 28 ed il 47 per cento all'anno. Visto che ciò che si estrae da ciascun pozzo diminuisce rapidamente, tutto quello che si può fare è di aumentare spasmodicamente il tasso di trivellazione.

Ogni anno vengono trivellati circa 7 mila nuovi pozzi di shale gas con un costo globale di 42 miliardi di dollari semplicemente per cercare di mantenere una produzione costante. Spesso sono pozzi secondari, più difficili da trivellare e dai quali è estremamente difficile estrarre idrocarburi, per cui si stima che con il passare del tempo ne verranno costruiti sempre di più, sempre meno redditizi, e con costi sempre più alti.

Per quanto riguarda il rischio ambientale, lo shale gas sembra essere la causa di un aumento del rischio sismico e di inquinamento delle falde acquifere.

11 - L'IMPRONTA ECOLOGICA DELLE NAZIONI E LO SVILUPPO SOSTENIBILE

Dopo aver analizzato i diversi fattori che sono in grado di influire sugli equilibri della biosfera è evidente che i governi devono mettere in atto diverse azioni in grado di ridurre l'inquinamento ambientale e l'emissione dei gas serra.

La sostenibilità è e sarà la materia di ricerca del XXI secolo. Se non identifichiamo stili di vita che rispettino i limite delle risorse fornite dal pianeta la sostenibilità rimarrà solo un concetto vago.

Le minacce che stanno sconvolgendo gli equilibri della biosfera, come il cambiamento climatico, la scarsità d'acqua, il sovrasfruttamento e la modifica degli habitat a causa della pressione antropica, sono in primo piano ed influiscono sulle azioni dei governi.

Nel 2002, sotto l'egida della Convenzione sulla diversità biologica (CBD) i capi dei governi di tutto il mondo si sono impegnati a frenare significativamente il tasso di perdita della biodiversità entro il 2010. Essi hanno adottato una serie di indicatori per fornire informazioni sulle tendenze della biodiversità e valutare i progressi verso il loro obiettivo. L'impronta ecologica è stata ufficialmente adottata dalla CBD da includere tra i suoi indicatori di biodiversità.

La crescente globalizzazione dell'economia e la popolazione mondiale in rapida crescita stanno spingendo il consumo di risorse e di emissioni di combustibili fossili a livelli senza precedenti. Gli ecosistemi non sono più in grado di sostenere questa pressione.

È necessario vedere le nazioni come un unico sistema. Il sorpasso dei limiti ecologici porta inesorabilmente a delle conseguenze a livello globale, come il cambiamento climatico, l'acidificazione degli oceani e la perdita di biodiversità. Per risolvere questo problema bisogna affrontare il tema in modo globale.

L'impronta ecologica, uno strumento di contabilità delle risorse, adotta un approccio tale da seguire i flussi di risorse e di emissioni di carbonio attraverso la produzione, il consumo e il commercio per mostrare dove siano disponibili le risorse ecologiche e dove vengano utilizzate. Tale strumento è fondamentale per affrontare i pericoli della nostra sfida ecologica in corso.

L'impronta ecologica misura la superficie di terreno biologicamente produttivo e l'acqua necessaria per fornire le risorse utilizzate e assorbire l'anidride carbonica ed i rifiuti generati dalle attività umane.

Da un lato c'è una richiesta in crescita delle risorse da parte delle economie e delle popolazioni ma la dimensione del pianeta rimane sempre la stessa. Ormai la richiesta di risorse è talmente elevata che nel 2006 il footprint dell'umanità ha superato la biocapacità globale del 44 per cento. A peggiorare la situazione contribuisce il fatto che, in base alle proiezioni delle Nazioni Unite, la domanda crescerà in modo significativamente più veloce rispetto alla biocapacità e che, alla fine del 2030, sarà necessaria la capacità di due Terre per tenere il passo con i nostri consumi.

L'overshoot ecologico, ossia il fatto che l'umanità abbia superato la biocapacità globale, è possibile solo per un tempo limitato. La conseguenza dell'overshoot è un degrado degli ecosistemi. Il degrado è visibile da una serie di segnali quali la carenza d'acqua, la desertificazione, l'erosione, la riduzione della produttività dei terreni agricoli, il pascolo eccessivo, la deforestazione, la rapida estinzione di specie, il collasso della pesca e il cambiamento climatico globale.

La vera sfida dell'umanità è vivere bene all'interno della capacità del pianeta, non degradando i beni ecologici a scapito delle generazioni future. Questa è la sfida dello sviluppo sostenibile.

L'indice di sviluppo umano delle Nazioni Unite (HDI) misura l'aspettativa di vita, l'istruzione l'alfabetizzazione e la possibilità di acquistare beni e servizi necessari. Su una scala da 0,0 a 1,0, l'ONU definisce un punteggio di 0,8 come soglia che indica un elevato livello di sviluppo. L'Europa e gli Stati Uniti hanno un indice superiore a 0,8 però il consumo delle risorse per sostenere lo sviluppo è ben al di sopra dei limiti ecologici. Lo sviluppo può continuare ed essere sostenuto solo se è fatto entro i limiti ecologici della Terra[12].

Come la popolazione si espande, la domanda totale di risorse ecologiche aumenta, mentre la biocapacità disponibile, a causa dell'aumento della popolazione mondiale, per sostenere il consumo di ogni individuo si restringe.

La crescita economica avviene spesso sotto forma di aumento del consumo pro capite di beni e servizi. Quando ciò non è compensato da una maggiore efficienza nella produzione dei prodotti e dei servizi, l'effetto si traduce in un aumento del footprint della società, ossia dell'impronta ecologica della nazione, aumentando la difficoltà al raggiungimento dello sviluppo sostenibile.

Anche se da molti anni ci si è resi conto della necessità di avere uno sviluppo sostenibile, continuiamo a pensare a noi stessi come un sottosistema indipendente quando in realtà dovremmo urgentemente renderci conto che siamo parte del mondo naturale e che noi dipendiamo da esso. Per questo dovremmo utilizzare le risorse naturali mondiali ad un tasso tale per cui il mondo naturale possa rigenerarle e dovremmo produrre rifiuti non riciclabili ad un ritmo in cui il mondo naturale possa assimilarli.

In un mondo sempre più globalizzato, i paesi con elevate richieste di risorse consumano utilizzando sia la propria biocapacità che quella di altri paesi. Con la continua crescita della popolazione mondiale e, in molti paesi, del consumo pro capite, la concorrenza per le risorse è in rapido aumento. In questo meccanismo alcuni paesi possono avere difficoltà a mantenere le loro economie e il benessere dei loro residenti.

Queste carenze sono già una realtà, infatti alcuni paesi stanno acquistando terreni coltivati di altri paesi al fine di assicurare una fornitura adeguata di cibo al proprio popolo.

L'Arabia Saudita, per esempio, ha un contratto per l'uso di grandi aree di terreno in Etiopia, mentre le aziende della Corea del Sud hanno cercato, finora senza successo, di ottenere i diritti sulla metà delle terre arabili in Madagascar.

In aggiunta a questi tentativi di acquisto di biocapacità, un recente rapporto del Programma delle Nazioni Unite ambientale suggerisce che i conflitti militari per il controllo delle risorse naturali sempre più scarse si espanderà nei prossimi decenni[13].

In base a ciò che è stato riportato nei capitoli precedenti, è evidente che devono essere ridotte le emissioni di carbonio e che bisogna tener presente anche delle ripercussioni che questa esigenza può provocare. Ad esempio, gli attuali metodi di produzione alimentare dipendono fortemente dall'uso di combustibili fossili per creare fertilizzanti e per incrementare l'agricoltura meccanizzata. Se l'uso di combustibili fossili viene gradualmente eliminato, la produzione intensiva diminuisce e quindi più terreni agricoli saranno necessari al fine di soddisfare le esigenze alimentari mondiali. Se i biocarburanti sono destinati a sostituire una parte di combustibili fossili è necessario tenere presente che sarà necessario destinare terreni agricoli per produrre la biomassa necessaria alla produzione di combustibile togliendo terreni alla produzione alimentare. Nel caso in cui non ci sia disponibilità di terreni agricoli si provvederà alla deforestazione con una conseguente riduzione della biocapacità del territorio.

Vista la complessità nel bilanciare lo sfruttamento delle risorse e incrementare la biocapacità del proprio territorio, tutti i paesi del mondo intero hanno il compito di trovare strategie per ridurre la carbon footprint del proprio territorio. Molti paesi, non riuscendo a soddisfare il bilancio internamente al proprio territorio, si affidano, in termini netti, sulla biocapacità di altri paesi per soddisfare le esigenze nazionali di beni e servizi. Per esempio: Il Giappone importa il legno ecuadoriano per fare la carta; L'Europa utilizza carne da animali nutriti con soia brasiliana; gli Stati Uniti importano cotone peruviano; e la Cina ottiene legname dalla Tanzania.

Qualsiasi decisione deve essere presa ricordando che nel 1961 la maggior parte della popolazione mondiale viveva in paesi che, in termini netti, si situavano al di sotto della propria biocapacità. Nel 2006 la situazione era radicalmente cambiata, dopo 45 anni solo il 20 per cento della popolazione viveva in paesi con un bilancio positivo.

Le decisioni politiche devono essere prese nell'ottica di reintegrare la società umana nella comunità ecologica più in linea con la fisiologia della Terra. Obbligatoriamente la vecchia politica economica dovrà cedere il passo a una nuova biopolitica attivando nuove possibilità e nuove soluzioni creative per vivere bene senza trasgredire i limiti ecologici della Terra.

"Il mondo non sarà più diviso dalle ideologie di 'sinistra' o di 'destra', ma da coloro che accettano i limiti ecologici e quelli che non lo fanno."

Wolfgang Sachs, Wuppertal Institute

12 - CONCLUSIONI

Come detto nella prefazione, questo testo voleva essere un viaggio: partendo dall'impegno approvato nel 2013 dall'Unione Europea sono stati analizzati i diversi aspetti che mettono a rischio il nostro pianeta individuando anche idee che possono rendere più sostenibile la vita dell'uomo.

Il raggiungimento di una società sostenibile significa non superare il limite ecologico della nostra Terra. In questo modo sarà necessario gestire la domanda delle risorse naturali e fare una corretta gestione dei rifiuti che la società genera.

Dal lato della domanda, i tre fattori che determinano l'entità dell'impronta ecologica sono:

- la popolazione (il numero di persone che consumano);
- il consumo pro capite (la quantità di beni e servizi che ogni persona usa);

- le risorse e l'entità dei rifiuti (l'efficienza con cui si producono questi beni e servizi).

La domanda non deve superare l'offerta, ossia la biocapacità della Terra deve essere sempre in grado di compensare ciò che l'uomo consuma.

Attualmente i limiti ecologici sono stati superati, i rifiuti si stanno accumulando, gli ecosistemi da cui dipendiamo sono in declino in tutto il pianeta. In un mondo di superamento, il business esasperante non può essere più applicato in quanto farebbe scostare ulteriormente la società umana dai limiti ecologici provocando un inasprimento dei cambiamenti climatici, del degrado degli ecosistemi, e le possibili perdite permanenti di produttività.

Rientrare entro i limiti ecologici è possibile se e soltanto se coloro che determinano le strategie scelgano azioni che abbiano l'obiettivo di ridurre il carbon footprint mantenendo o addirittura ampliando la biocapacità della Terra. Le nuove tecnologie possono dare un grosso aiuto e possono essere determinati al raggiungimento degli obiettivi.

Se si leggono i propositi dell'Unione Europea si nota che sono ambiziosi ma possibili, soprattutto se gli stessi propositi fossero adottati da tutti gli Stati a livello planetario.

Nel 2015, l'Europa si trova a metà strada tra l'inizio della politica ambientale dell'Unione Europea avvenuta nei primi anni 1970 e il 2050 con la visione di 'vivere bene entro i limiti del pianeta' dell'UE.

Realizzare la visione per il 2050 si concentrano le azioni in tre aree chiave:

- proteggere il capitale naturale che sostiene la prosperità economica e il benessere umano;

- stimolare l'uso efficiente delle risorse, lo sviluppo economico e sociale basse emissioni di carbonio;

- salvaguardare le persone dai rischi ambientali per la salute.

La sfida più difficile è modificare il modo di fare politica. La politica attuale pensa a breve termine: i programmi sono semestrali o trimestrali.

L'approccio deve cambiare: è necessario fare un programma a lungo termine che deve essere compreso dal cittadino in quanto si devono favorire e finanziare le iniziative che avviano l'economia verso la sostenibilità. Il finanziamento non deve essere rivolto solo a progetti "ricchi" ma anche a quelle iniziative, in apparenza piccole, che aiutano a traghettare il Paese verso un vivere più sostenibile e rispettoso dell'ambiente. A questo si aggiungono iniziative di economia circolare, energia pulita e rinnovabile.

Le iniziative come quelle dell'Unione Europea devono essere praticate da tutti gli stati mondiali. Se così non fosse e come già succede, ci troveremmo di fronte ad uno scenario in cui l'Europa chiede un elevato sforzo ai propri cittadini per adeguare la propria vita alla sostenibilità mentre dall'altra molti paesi ne vanificano gli sforzi, in particolare gli stati emergenti, quali Cina e India. Nel rapporto "trends in global CO_2 emission" redatto dalla Comissione Europea, si mette in evidenza che la Cina contribuisce per 2/3 delle emissioni totali di CO_2. Questo significa che qualsiasi azione deve essere pianificata a livello globale e che nessuna nazione può essere dispensata.

La mancanza di uniformità di regole provoca una diformità nella competitività economica. Da un lato le aziende europee che sostengono una spesa per rinnovare la propria produzione rendendola più sostenibile mentre dall'altro lato paesi come la Cina producono al di fuori di tali regole e quindi possono immettere sul mercato prodotti a più basso costo.

A livello planetario c'è la necessità, attraverso la ricerca scientifica, di risolvere i problemi ambientali soprattutto in termini preventivi attraverso il riciclo e l'economia circolare.

Ci sono iniziative importanti di città smart oppure earth city. Soprattutto nel secondo caso, c'è una visione idilliaca della società dove piccoli aggregati umani sono in completa simbiosi con la natura.

Se la società umana rimanesse nelle condizioni attuali, le indicazioni di una società sostenibile come quelle introdotte dall'Unione Europea con il programma generale di azione in materia di ambiente fino al 2020 probabilmente sarebbero sufficienti a mitigare i cambiamenti attualmente in atto.

Gli obiettivi proposti possono essere raggiunti se consideriamo anche l'aumento demografico?

Nel corso dei prossimi dieci anni e oltre, il miglioramento degli standard di salute, istruzione e vita continueranno a guidare la crescita della popolazione. In assenza di grandi pandemie, catastrofi naturali o guerre globali, si stima che la popolazione mondiale raggiungerà circa 9 miliardi di persone nel 2050. Un aumento della popolazione a questo livello significa inevitabilmente un mondo più affollato con sempre più persone che competono per le stesse risorse naturali.

Un aumento di questo tipo ha delle conseguenze non indifferenti, tra cui l'aumento della pressione alimentare.

Nella realtà, le società industrializzate non vogliono perdere il proprio benessere acquisito come, allo stesso tempo, le società emergenti vogliono raggiungere il tenore di vita dei primi. La crescita economica è accoppiata con il consumo di risorse - quanto più ricche diventano le persone, tanta più energia sarà utilizzata, tanto più cibo sarà necessario e, soprattutto, sprecato.

Nonostante l'aumento della sostenibilità delle attività umane, l'aumento della pressione demografica creerà a sua volta pressioni sull'ambiente naturale. Per evitare carestie aumenterà la deforestazione e, di conseguenza, si genererà un ulteriore aumento della temperatura globale terrestre e del livello del mare, con la conseguente riduzione del terreno agricolo delle popolazioni costiere.

Le popolazioni in via di sviluppo saranno quelle soggette alla maggiore pressione alimentare ed energetica, ciò significa che ci saranno migrazioni verso i paesi industrializzati.

Con l'aumento della popolazione aumenta l'esigenza di avere la sicurezza delle risorse. I paesi non saranno più preoccupati solo della sicurezza energetica, ma anche della sicurezza delle risorse - terra, cibo, acqua e materie prime. Ciò è particolarmente vero in quanto le risorse tendono ad essere concentrate geograficamente - spesso in zone difficili in termini di accessibilità fisica e/o tensioni politiche. Il crescente potere economico di Cina e India, i paesi più popolosi del mondo, hanno portato a milioni di persone maggiore ricchezza e una migliore qualità della vita che le generazioni precedenti potevano solo sognare. Altri paesi in America Latina (Brasile) e in Africa (Sud Africa) stanno seguendo lo stesso percorso.

La crescente pressione sulle risorse porterà all'egemonia di alcuni grandi paesi (come la Cina) che privatizzeranno le risorse imponendo il prezzo e controlleranno le strategie mondiali. La Cina si sta già muovendo in tal senso acquistando territori in Sud Africa.

Il problema che determinerà la riuscita o meno delle iniziative ambientali degli stati è come si affronterà l'aumento della popolazione mondiale.

La soluzione più ottimistica sarebbe un accordo internazionale a livello globale per il controllo delle risorse naturali. Questa ipotesi è sicuramente la più auspicabile ma realisticamente impraticabile.

Contemporaneamente all'aumento di popolazione si osserverà un invecchiamento della popolazione europea ed un aumento dell'immigrazione dalle regioni con elevata natalità, un aumento delle tensioni sociali e della pressione alimentare. Si prevede che l'immigrazione proverrà in gran parte dal Nord Africa e dal vicino Oriente. Nel 2050, un europeo su cinque sarà probabilmente musulmano[14].

C'è da attendersi che l'Italia sarà la porta d'entrata dell'immigrazione illegale. L'Italia, più degli altri paesi, sarà sotto pressione a causa dell'aumentata immigrazione. In un paese dove l'attività illegale è già radicata in tutti i livelli della società, l'arrivo di una notevole massa di disperati porterà ad un aumento della delinquenza. Per evitare di alimentare atti di intolleranza è necessario, che sin da ora, insieme ad una politica dell'accoglienza, ci debba essere tolleranza zero verso la criminalità e venga ripristinato (o forse finalmente creato) un senso di rispetto del bene pubblico e di uguaglianza.

Sin da ora ci deve essere uno sforzo per evitare ciò che nessuno si augura.

Qualche anno fa correva voce che i potenti del mondo avessero lanciato un'operazione globale contro la popolazione ignara per ridurre e controllare la fertilità. Vaccini e anche colture alimentari di prima necessità sono state modificate per raggiungere questi obiettivi.

Le attività della classe dirigente nel controllo della popolazione, scrive Platone in "La Repubblica", deve essere tenuto segreto. Egli scrive: " Ora questi passi devono essere un segreto che conoscono solo i governanti, o ci sarà un'ulteriore minaccia del nostro gregge ... lo scoppio di un rivolta"

Bill Gates, nel 2010, ha ribadito l'agenda di controllo della popolazione globale durante la presentazione ad una conferenza nella quale ha dichiarato:

"Il mondo oggi ha 6,8 miliardi di persone. Che si avviano a

diventare circa nove miliardi. Ora, se facciamo veramente un grande lavoro sui nuovi vaccini, cure sanitarie, servizi per la salute riproduttiva, potremmo avere una riduzione forse del 10 o 15 per cento".

È auspicabile che si riesca ad avere un società umana matura, che riconosca che la Terra ha bisogno del nostro rispetto ed evitare che si inneschino situazioni che nessuno vuole. Per raggiungere questi obiettivi ci vuole la collaborazione di tutti i governi e di tutte le religioni.

13 - BIBLIOGRAFIA

[1] Decisione n.1386/2013/UE del Parlamento europeo e del Consiglio, del 20 novembre 2013, su un programma generale di azione dell'Unione in materia di ambiente fino al 2020 «Vivere bene entro i limiti del nostro pianeta»

[2] "Relazione fra gli sviluppi antropo-sociali, gli ecosistemi e la biosfera" di Donato Monaco, SILVAE 1,1, pg. 121

[3] Niccolò Barozzi, "Gemona E Il Suo Distretto: Notizie Storiche, Statistiche E Industriali", 1859

[4] Paul Crutzen, "Benvenuti nell'Antropocene. L'uomo ha cambiato il clima, la Terra entra in una nuova era", Mondadori, 2005.

[5] http://www.neodemos.it/

[6] G. E. Newell, R. C. Newell, "Marine Plankton", Londra, 1963; J. E. G. Raymont, "Plankton and Productivity in the Oceans", Londra, 1963; G. Marcuzzi, "Ecologia animale", Milano, 1968; L. Festugiere, "Le plankton dans la Méditerranée", Marsiglia, 1983.

[7]   http://blog.rinnovabili.it/blu-lab/micro-e-nano-inquinamento-

marino-il-piccolo-grande-rischio/

http://www.corriere.it/ambiente/14_ottobre_13/nel-mediterraneo-
si-fa-bagno-microplastica-3a68c470-52b3-11e4-8e37-
1a517d63eb63.shtml

[8] http://ocean.si.edu/blog/%E2%80%9Cplastisphere-new-marine-
ecosystem

[9] http://www.isprambiente.gov.it/

[10] FAO Global Forest Resources Assessment 2010

[11] http://www.smart-cities.eu/index2.html

[12] Ecological Wealth of Nation, Global Footprint Network

[13] United Nations Environment Programme Annual Report 2013

[14] European Commission, "Global Europe 2050", 2012

14 - GLOSSARIO

Agrosistema. È un ecosistema terrestre fortemente antropizzato, le cui dinamiche, pur svolgendosi fondamentalmente secondo le leggi dell'ecologia, sono artificialmente controllate e finalizzate alla produzione di biomassa ed energia da utilizzare per scopi economici.

Antropocene. È un termine coniato negli anni ottanta dal biologo Eugene Stoermer che nel 2000 fu adottato dal Premio Nobel per la chimica Paul Crutzen nel libro "Benvenuti nell'Antropocene". Il termine indica l'era geologica attuale nella quale all'uomo e alla sua attività sono attribuite le cause principali delle modifiche territoriali, strutturali e climatiche.

Antroposistema. Ecosistema artificiale.

Clorofluorocarburi (CFC). Sono composti chimici contenenti cloro, fluoro e carbonio. Corrispondono agli idrocarburi nei quali tutti o parte degli atomi d'idrogeno sono stati sostituiti da atomi di cloro e fluoro. Sono caratterizzati da elevata stabilità chimica e termica, che aumenta con il contenuto di fluoro, sono ininfiammabili e poco tossici. I CFC avevano trovato largo impiego come propellenti per aerosol, come agenti refrigeranti, come agenti porofori nella preparazione di materie plastiche espanse ecc. Tuttavia, poichè sono stati ritenuti in parte responsabili della riduzione dello strato di ozono presente nella stratosfera, sono stati formulati accordi internazionali volti a bandirne la produzione e l'utilizzo. Per quanto concerne l'Italia, la legge 179/16 giugno 1997 ha posto il 31 dicembre 2008 come termine per la produzione, l'utilizzazione, la commercializzazione, l'importazione e l'esportazione dei CFC. A partire da tale data, al fine di ridurre le emissioni di gas con elevato potenziale di effetto serra, è stato deciso che le limitazioni per l'impiego vengano applicate anche agli HFC (idrofluorocarburi). L'applicazione degli accordi internazionali ha reso necessaria la loro sostituzione con altri prodotti. Per il confezionamento degli aerosol si usano idrocarburi leggeri (butano, isobutano, pentano ecc.) che, tuttavia, creano seri problemi per la loro grande infiammabilità. Nella produzione di resine espanse flessibili è stato possibile recuperare i CFC mentre per le resine espanse rigide (dove essi restano in gran parte imprigionati nella massa polimerica) sono stati impiegati idrocarburi leggeri, che sono però più infiammabili e hanno un minor potere di isolamento termico dei manufatti. Si è dato così corso a ricerche innovative: per es., nella produzione di schiume poliuretaniche si utilizza come agente poroforo l'anidride carbonica generata durante la stessa reazione di preparazione del polimero. Per quanto riguarda invece gli apparecchi di refrigerazione, si è ritornati all'impiego dei fluidi tradizionali (ammoniaca e, in studio, anidride carbonica).

Commissione internazionale di stratigrafia. Nota internazionalmente con il suo nome inglese International Commission on Stratigraphy e spesso abbreviata in ICS, è un sottocomitato permanente dell'International Union of Geological Sciences (IUGS) che si occupa di problematiche su scala globale relative alla stratigrafia, geologia e geocronologia.

Earth city. Sono piccoli aggregati, formati da tre blocchi funzionali da 5.000 residenti per un totale di circa 15.000 abitanti, integrati nel territorio. Quasi la metà della superficie è un grande polmone dedicato alla biodiversità. Inoltre sono previsti l'agricoltura e l'allevamento per il fabbisogno dei residenti. Earth City è la risposta alle attuali esigenze legate all'energia, l'ambiente, la sicurezza e la preservazione e protezione dei beni storici e delle risorse naturalistiche. Non saranno comunità isolate bensì fortemente connesse al contesto circostante.

Convenzione sulla diversità biologica (CBD). Dall'inglese Convention on Biological Diversity, è un trattato internazionale adottato nel 1992 al fine di tutelare la diversità biologica (o biodiversità.

Ecological footprint. L'impronta ecologica è un indicatore utilizzato per valutare il consumo umano di risorse naturali rispetto alla capacità della Terra di rigenerarle. L'impronta ecologica misura l'area biologicamente produttiva di mare e di terra necessaria a rigenerare le risorse consumate da una popolazione umana e ad assorbire i rifiuti prodotti. Utilizzando l'impronta ecologica è possibile stimare quanti "pianeta Terra" servirebbero per sostenere l'umanità, qualora tutti vivessero secondo un determinato stile di vita. Confrontando l'impronta di un individuo (o regione, o stato) con la quantità di terra disponibile pro-capite (cioè il rapporto tra superficie totale e popolazione mondiale) si può capire se il livello di consumi del campione è sostenibile o meno.

FAO. L'organizzazione delle Nazioni Unite per l'Alimentazione e l'Agricoltura (Food and Agriculture Organization) è un'agenzia specializzata delle Nazioni Unite con il mandato di aiutare ad accrescere i livelli di nutrizione, aumentare la produttività agricola, migliorare la vita delle popolazioni rurali e contribuire alla crescita economica mondiale. La FAO lavora al servizio dei suoi paesi membri per ridurre la fame cronica e sviluppare in tutto il mondo i settori dell'alimentazione e dell'agricoltura.

Footprint dell'umanità. Detta anche Impronta Mondiale. Oggi l'umanità usa l'equivalente di 1,3 pianeti ogni anno. Ciò significa che oggi la Terra ha bisogno di un anno e quattro mesi per rigenerare quello che usiamo in un anno. Scenari alquanto ottimisti delle Nazioni Unite suggeriscono che se il presente trend della popolazione e del consumo continuasse, entro il 2050 avremo bisogno dell'equivalente di due pianeti per il nostro sostentamento.

Green economy. Un modello teorico di sviluppo economico che prende origine da un'analisi del sistema economico dove oltre ai benefici (aumento del Prodotto Interno Lordo) di un certo regime di produzione si prende in considerazione anche l'impatto ambientale cioè i potenziali danni ambientali prodotti dall'intero ciclo di trasformazione delle materie prime a partire dalla loro estrazione, passando per il loro trasporto e trasformazione in energia e prodotti finiti fino ai possibili danni ambientali che produce la loro definitiva eliminazione o smaltimento. Tali danni spesso si ripercuotono, in un meccanismo tipico di retroazione negativa, sul PIL stesso diminuendolo a causa della riduzione di resa delle attività economiche che traggono vantaggio da una buona qualità dell'ambiente come agricoltura, pesca, turismo, salute pubblica, soccorsi e ricostruzione in disastri naturali. Questa analisi propone come soluzione misure economiche, legislative, tecnologiche e di educazione pubblica in grado di ridurre il consumo d'energia, di rifiuti e di risorse naturali. Inoltre propone una riduzione dei danni ambientali promuovendo al contempo un modello di sviluppo sostenibile attraverso l'aumento dell'efficienza energetica e di produzione che produca a sua volta una diminuzione della dipendenza dall'estero, l'abbattimento delle emissioni di gas serra, la riduzione dell'inquinamento locale e globale, compreso quello elettromagnetico, fino all'istituzione di una vera e propria economia sostenibile su scala globale e duratura servendosi prevalentemente di risorse rinnovabili e procedendo al più profondo riciclaggio di ogni tipo di scarto, domestico o industriale, evitando il più possibile sprechi di risorse.

Gt. Gigatonnellate ossia 1 Gt = 1 milione di tonnellata

Impronta ecologica. Vedi Ecological footprint

Indice di sviluppo umano. Il concetto di sviluppo umano è stato elaborato alla fine degli anni ottanta dal programma delle Nazioni Unite per lo Sviluppo. Lo sviluppo umano coinvolge e riguarda alcuni ambiti fondamentali dello sviluppo economico e sociale: la promozione dei diritti umani e l'appoggio alle istituzioni locali con particolare riguardo al diritto alla convivenza pacifica, la difesa dell'ambiente e lo sviluppo sostenibile delle risorse territoriali, lo sviluppo dei servizi sanitari e sociali con attenzione prioritaria ai problemi più diffusi ed ai gruppi più vulnerabili, il miglioramento dell'educazione della popolazione, con particolare attenzione all'educazione di base, lo sviluppo economico locale, l'alfabetizzazione e l'educazione allo sviluppo, la partecipazione democratica, l'equità delle opportunità di sviluppo e d'inserimento nella vita sociale.

Landsat. È una costellazione di satelliti per telerilevamento che osservano la Terra. I dati da loro collezionati sono stati usati per oltre 30 anni per studiare l'ambiente, le risorse, e i cambiamenti naturali e artificiali avvenuti sulla superficie terrestre.

Metabolismo industriale. Si intende la catena dei processi fisici che trasformano le materie prime e l'energia, oltre al lavoro, in prodotti e rifiuti. Uno degli obiettivi della disciplina del metabolismo industriale è quello di studiare il flusso dei materiali attraverso la società al fine di comprendere meglio le fonti, le cause e gli effetti delle emissioni.

Metano (CH_4). È un idrocarburo semplice (alcano) formato da un atomo di carbonio e 4 di idrogeno e si trova in natura sotto forma di gas. Il metano è il risultato della decomposizione di alcune sostanze organiche in assenza di ossigeno. È quindi classificato anche come biogas. La maggior parte del metano viene ottenuta per estrazione dai suoi giacimenti sotterranei, dove spesso è abbinato ad altri idrocarburi, frutto della decomposizione di sostanze organiche sepolte in profondità in tempi preistorici. Il metano è presente normalmente nei giacimenti di petrolio (ma esistono anche immensi giacimenti di solo metano). Quando si estrae il petrolio, risale in superficie anche il metano, in media in quantità pari allo stesso petrolio. Se i giacimenti sono lontani dai luoghi di consumo o situati in mare aperto, risulta quasi impossibile usare quel metano, che pertanto viene bruciato all'uscita dei pozzi senza essere utilizzato in alcun modo, oppure viene ripompato nei giacimenti di petrolio, mediante l'uso di compressori centrifughi o alternativi, favorendo ulteriormente l'uscita del greggio grazie alla pressione. Circa due terzi del metano estratto non viene utilizzato perché il costo del trasporto del gas naturale nei gasdotti è quattro volte superiore a quello del petrolio, perché la densità del gas è molto minore. Inoltre si stima che esistano grandi quantità di metano in forma di clatrati di metano sui fondali oceanici. Il metano è un gas serra presente nell'atmosfera terrestre in concentrazioni molto inferiori a quelle della CO_2 ma con un potenziale di riscaldamento globale ben 21 volte superiore. Le principali fonti di emissione di metano nell'atmosfera sono: la decomposizione di rifiuti solidi urbani nelle discariche; da fonti naturali come le paludi; estrazione da combustibili fossili; processo di digestione degli animali (bestiame); iscaldamento o digestione anaerobica delle biomasse. Dal 60% al 80% delle emissioni mondiali è di origine umana. Esse derivano principalmente da miniere di carbone, discariche, attività petrolifere , gasdotti e agricoltura.

Microplastiche. Sono una delle nuove e preoccupanti forme 'invisibili' di inquinamento marino delle quali non si conosce ancora il reale destino ambientale. L'inquinamento marino da plastica è un problema che esiste da molto tempo. I rifiuti di plastica sono stati identificati come uno dei rischi globali al pari dei cambiamenti climatici, l'acidificazione degli oceani e la perdita di biodiversità. Sono circa 260 i milioni di tonnellate di plastica prodotti ogni anno, dei quali circa il 10% finiscono in mare. Circa il 80% dei rifiuti macroscopici in mare aperto e sulle coste è infatti costituito da rifiuti di plastica. Questi macro-rifiuti galleggianti (46.000 pezzi di plastica galleggianti in ogni miglio quadrato di oceano) formano un vero e proprio "mare di plastica" responsabile, in un primo tempo, di una vera ecatombe di uccelli, rettili e mammiferi marini. Questi pezzi di plastica sono inevitabilmente destinati a degradarsi nell'ambiente marino frammentandosi in micro-particelle di dimensioni variabili tra 0,3 e 5 mm, le microplastiche.

NOx. È una sigla generica che identifica collettivamente tutti gli ossidi di azoto e le loro miscele. La sigla identifica in modo generico gli ossidi di azoto che si producono come sottoprodotti durante una combustione che avviene utilizzando l'aria (dal camino a legna, al motore delle automobili, alle centrali termoelettriche).

Overshoot ecologico. Indica il momento in cui l'umanità supera la biocapacità globale. L'Earth Overshoot Day segna la data in cui l'umanità ha esaurito il suo budget ecologico per un anno. Il 20 agosto è stata la data per il 2014, da quel momento l'uomo ha vissuto, oltre il limite. Dopo questa data manterremo il nostro debito ecologico prelevando stock di risorse ed accumulando anidride carbonica in atmosfera. Proprio come le banche tracciano le uscite e le entrate, il Global Footprint Network misura la domanda e l'offerta di risorse naturali e di servizi ecologici. E i dati fanno riflettere. Il Global Footprint Network stima che in circa 8 mesi consumiamo più risorse rinnovabili e la capacità di sequestro della CO_2 di quanto il pianeta possa mettere a disposizione per un intero anno.

Ozono (O_3). È una forma allotropica dell'ossigeno, dal caratteristico odore agliaceo. Le sue molecole sono formate da tre atomi diossigeno. È un energico ossidante e per gli esseri viventi è un gas altamente velenoso. È tuttavia un gas essenziale alla vita sulla Terra per via della sua capacità di assorbire la luce ultravioletta; lo strato di ozono presente nella stratosfera protegge la Terra dall'azione nociva dei raggi ultravioletti provenienti dal Sole. L'ozono è presente negli strati alti dell'atmosfera concentrandosi soprattutto a 25 km di altezza dove è presente l'ozonosfera: è considerato un gas serra, ma diversamente da altri gas serra che trattengono l'energia proveniente dalla superficie terrestre, l'ozono assorbe e trattiene parte dell'energia proveniente direttamente dal Sole. L'ozono è presente in piccola parte anche negli strati più bassi dell'atmosfera (è uno dei principali componenti dello smog prodotto dall'uomo nelle grandi città): diversamente dall'ozono che si trova nella stratosfera, quello troposferico risulta essere un inquinante molto velenoso se respirato a grandi dosi.

Plastisfera. È un termine usato per riferirsi a ecosistemi che si sono evoluti in ambienti di plastica. La plastica che ha fatto la sua strada in habitat marini è diventata la casa di vari microrganismi. Recenti studi hanno identificato più di 1.000 specie di batteri e alghe collegati ai detriti microplastici.

POP. Gli inquinanti organici persistenti (Persistent Organic Pollutants) sono sostanze chimiche che persistono nell'ambiente. Sono soggette a bioaccumulo attraverso la catena alimentare e comportano un rischio in quanto possono provocare effetti nocivi per la salute umana e per l'ambiente. Questo gruppo di inquinanti prioritari includono pesticidi (come il DDT), prodotti chimici industriali (come policlorobifenili, PCB) e involontari sottoprodotti di processi industriali (come le diossine e i furani). I venti e le correnti trasportano gli inquinanti organici persistenti attraverso le frontiere internazionali lontano dalle loro fonti.

Protocollo di Kyoto. È un trattato internazionale in materia ambientale riguardante il riscaldamento globale. Redatto il 11 dicembre 1997 a Kyoto da più di 180 Paesi in occasione della Conferenza COP3 della Convenzione quadro delle Nazioni Unite sui cambiamenti climatici (UNFCCC). Il trattato è entrato in vigore il 16 febbraio 2005, dopo la ratifica anche da parte della Russia.

Simbiosi industriale. Coinvolge industrie tradizionalmente separate con un approccio integrato finalizzato a promuovere vantaggi competitivi attraverso lo scambio di materia, energia, acqua e/o sottoprodotti. Tra gli aspetti chiave che consentono il realizzarsi della simbiosi industriale ci sono la collaborazione tra imprese e le opportunità di sinergia disponibili in un opportuno intorno geografico ed economico.

Smart City. La città intelligente (dall'inglese smart city) in urbanistica e architettura è un insieme di strategie di pianificazione urbanistica tese all'ottimizzazione e all'innovazione dei servizi pubblici così da mettere in relazione le infrastrutture materiali delle città «con il capitale umano, intellettuale e sociale di chi le abita» grazie all'impiego diffuso delle nuove tecnologie della comunicazione, della mobilità, dell'ambiente e dell'efficienza energetica, al fine di migliorare la qualità della vita e soddisfare le esigenze di cittadini, imprese e istituzioni. Una città può essere definita intelligente, o smart city, quando gli investimenti effettuati assicurano uno sviluppo economico sostenibile e un'alta qualità della vita, una gestione sapiente delle risorse naturali.

Sostenibilità. Nelle scienze ambientali ed economiche, condizione di uno sviluppo in grado di assicurare il soddisfacimento dei bisogni della generazione presente senza compromettere la possibilità delle generazioni future di realizzare i propri.

Summit di Rio. Il Summit della Terra, tenutosi a Rio de Janeiro dal 3 al 14 giugno 1992, è stato la prima conferenza mondiale dei capi di Stato sull'ambiente. È stato un evento senza precedenti anche in termini di impatto mediatico e sulle scelte politiche e di sviluppo che l'hanno seguita. Vi parteciparono 172 governi e 108 capi di Stato o di Governo, 2.400 rappresentanti di organizzazioni non governative e oltre 17.000 persone aderirono al NGO Forum. La Conferenza è stata chiamata anche Eco'92 (in portoghese), Earth Summit (in inglese) ma il suo nome ufficiale è United Nations Conference on Environment and Development(UNCED; in italiano Conferenza sull'ambiente e lo sviluppo delle Nazioni Unite). È comunque generalmente chiamata la Conferenza di Rio.

Tecnosfera. L'insieme di abitazioni, fabbriche, città, affollate di oggetti fabbricati dagli esseri umani, è un ecosistema che funziona grazie ad un flusso di materia e di energia proveniente dalla biosfera e da molte altre cose provenienti dalla tecnosfera, dall'universo degli oggetti fabbricati dagli esseri umani per trasformazione dei beni tratti dalla natura.

UNFCCC. United Nations Framework Convention on Climate Change è un'organizzazione internazionale ambientale

BIOGRAFIA DELL'AUTRICE

Roberta Di Monte, nata a Gemona del Friuli, vive a Trieste. Per 20 anni ha fatto ricerca applicata presso l'Università degli Studi di Trieste producendo numerose pubblicazioni scientifiche e brevetti. Nel 2007 vince il Premio Nazionale per l'Innovazione, i suoi progetti sono stati selezionati nel 2010 al CleanEquity Monaco 2010 e nel 2013 al 1° Forum dell'innovazione del legno-arredo. Da sempre interessata alle problematiche ambientali, dalle marmitte catalitiche ai nuovi materiali sostenibili, dal 2013 scrive sul blog BIOSOST sul suo progetto sulla sostenibilità.

www.ingramcontent.com/pod-product-compliance
Lightning Source LLC
Chambersburg PA
CBHW070749290526
45795CB00002B/535